COMME LA TRACE
DE L'OISEAU DANS L'AIR

DU MÊME AUTEUR

Aux Éditions Grasset

CE QUE LA NUIT RACONTE AU JOUR, 1992
(Prix de la Langue de France).
LE PAS SI LENT DE L'AMOUR, 1995.
DISCOURS DE RÉCEPTION À L'ACADÉMIE FRANÇAISE
ET RÉPONSE DE JACQUELINE DE ROMILLY, 1997.

(Hector Bianciotti a obtenu en 1993 le *Prix littéraire Prince Pierre de Monaco* pour l'ensemble de son œuvre.)

Aux Éditions Denoël / « Les Lettres Nouvelles »

LES DÉSERTS DORÉS, 1967.
CELLE QUI VOYAGE LA NUIT, 1969.
CE MOMENT QUI S'ACHÈVE, 1972.

Aux Éditions Gallimard

LES AUTRES, UN SOIR D'ÉTÉ (théâtre), 1970.
LE TRAITÉ DES SAISONS, 1977 (Prix Médicis étranger).
L'AMOUR N'EST PAS AIMÉ, 1982.
SANS LA MISÉRICORDE DU CHRIST, 1985 (Prix Femina).
SEULES LES LARMES SERONT COMPTÉES, 1989.

HECTOR BIANCIOTTI

de l'Académie française

COMME LA TRACE DE L'OISEAU DANS L'AIR

BERNARD GRASSET
PARIS

IL A ÉTÉ TIRÉ DE CET OUVRAGE
TRENTE-CINQ EXEMPLAIRES
SUR VÉLIN CHIFFON DE LANA
DONT VINGT-CINQ EXEMPLAIRES DE VENTE
NUMÉROTÉS DE 1 À 25
ET DIX HORS COMMERCE
NUMÉROTÉS H.C. I À H.C. X,
CONSTITUANT L'ÉDITION ORIGINALE

1

Plus d'un quart de siècle s'était écoulé sans que je revienne au pays de ma première naissance. A l'exception d'Armando qui fit deux fois le voyage de Paris, un éloignement touchant déjà à l'absence me séparait de mes frères et sœurs.

De loin en loin, l'un ou l'autre m'envoyait des photographies, mais dans ces instantanés réalisés à l'occasion d'un événement heureux, d'un anniversaire, ou de l'une de ces réunions dominicales autour d'une table généreuse, telle qu'ils en ont le culte, aucun ne figurait seul – aussi ne les avais-je jamais retrouvés dans leur singularité, chacun pareil à soi et à nul autre, comme dans mon souvenir : ils y cédaient tous une partie d'eux-mêmes au petit enfant qui brandissait une cuiller dégoulinante et dont on essuyait le minois, à leur voisin, ou au photographe qui leur enjoignait de regarder l'objectif; et, tout en écoutant d'une oreille le provocateur de service occupé à susciter le rire pour que la prise les fige entre rire et grimace, ils acquiesçaient, avec complaisance, avec cérémonie.

Même dans la durée de l'instant, qui est et qui n'est plus, on cherche à se faire beau, à se montrer à son avantage : on soulève le menton pour tendre les joues, les sourcils pour déplisser les paupières, au risque de devenir sa propre caricature, et, pour finir, dans un reflet soudain sur la vitre on constate que le passé ne ment, ni n'ajourne l'entrée dans la vieillesse.

Lors de mon séjour parmi mes frères et sœurs, je compris leur besoin de conserver les images, les traces d'un repas, d'une petite fête, d'une promenade : le rituel en demeurait immuable, et une coupe de cheveux ou celle d'une robe d'autrefois les amusait, rythmait le temps, préservait les moments épars, ce qui disparaît ou se flétrit, les choses destinées à perdurer ; et cela consolidait leur réalité, les distrayait de l'angoisse de l'avenir, certes fixé depuis toujours et comme déjà advenu.

Parce qu'ils avaient le culte de la mémoire et, sans le savoir, le sens des origines, ils pouvaient se remémorer leur vie à l'aide de ces humbles clichés, leur tirelire commune. Ceux-ci iraient en se décolorant, deviendraient de plus en plus ternes, mais ils étaient leur poésie.

2

Mes trois sœurs, mes trois frères, mes deux belles-sœurs – et personne d'autre – m'attendaient à l'aéroport de Córdoba. Ils l'avaient voulu ainsi. Leur descendance, la foule d'enfants, de petits-enfants, d'arrière-petits-enfants ? Priée de ne pas déranger nos retrouvailles.

Je ne savais plus les années lointaines où, enfant, j'étais avec eux tous dans la ferme, tous ignorant les villes, reliés au monde par le poste de TSF que le père avait acheté lorsque la Seconde Guerre mondiale se déchaînait en Europe, par le journal *La Prensa* qui arrivait de Buenos Aires deux fois par semaine, et par une revue féminine, *Rosalinda*.

Le jour où, triomphant du violent refus de mes parents, j'avais quitté ce milieu – que l'un après l'autre tous les membres de la famille ne mettraient pas longtemps à déserter – je n'avais pas douze ans ; le double, cet autre jour où un bateau italien se détacha du port de la capitale en m'emportant. Mon cœur ne craignait pas l'impossible : une image s'était mise à étinceler devant moi, qui se postait tout à coup très loin, minuscule au fond d'une perspective, au moment même où je croyais la rejoindre. Le jeu se poursuivait au fil des années et se poursuit encore, quand déjà le jour baisse.

Certes, si je songe aux années de manque, d'attente, de dérive qui pèsent toujours sur mon échine, l'aventure me paraît tout en zigzag ; mais si je considère le point de départ, je dois bien reconnaître aujourd'hui que le chemin parcouru était en ligne droite.

Pendant plus de quarante ans, quelle idée s'étaient-ils faite, les frères et sœurs, de celui qui, parti de l'autre côté de l'Océan, avait pris l'habitude de ne pas donner de ses nouvelles, même lorsqu'elles avaient cessé d'être inavouables ? Sa vie tournait en rond, le temps vieillissait.

Ils étaient là, ils se ressemblaient, les rides de l'âge avaient respecté leurs traits. Je les ai embrassés, avec joie, avec fierté : pour eux non plus l'existence n'avait pas été une partie de plaisir : je n'ignorais pas la modestie de leurs ressources qui, pour certains, frisaient la stricte pauvreté. Mais aucun ne s'était abandonné à la résignation, à ce laisser-aller qui commence avec une façon de mal se tenir. Ils avaient préservé et même affermi leur allure par une résistance tout intérieure : cela les avait ennoblis et, humbles, ils respiraient la grandeur.

Nous sommes partis vers la maison d'Armando, moi avec lui, dans sa voiture plutôt déglinguée. Le carburant était irrespirable. Nous nous sommes engagés dans des banlieues poussiéreuses aux constructions plates, que l'incurie rendait identiques. Des ruelles partaient dans tous les sens, comme si la ville que j'avais connue, née et grandie dans un creux de la plaine, avant les vagues ondulations qui annoncent la montagne, une déflagration apocalyptique l'eût éparpillée : elle s'en allait, s'en allait par-ci par-là, sans fin. Et une analogie saugrenue me traversa l'esprit, entre la ville et une mendiante de tragédie se dépouillant de ses haillons, les parsemant au hasard.

Que restait-il du cœur de la ville ? La cathédrale : en dépit de son austérité, elle me paraîtra plus vaste et plus majestueuse que dans mon souvenir, alors qu'une vieille tradition veut que le souvenir grossisse les volumes et allonge les distances.

Nous poursuivions, Armando et moi, un dialogue intermittent, décousu, ému. Il rythmait, en me donnant de petites tapes sur la cuisse, ses propos, moins sans doute pour me signifier leur importance que pour éveiller mon attention. J'étais ailleurs, ne désespérant pas de réussir la métaphore de la mendiante et de la ville. Et soudain je m'aperçus que le désordre du paysage urbain se modifiait, l'essaim de petites rues se pliant à une certaine discipline et, de fait, mon frère annonçait, l'air d'avoir franchi en triomphe un obstacle, que nous étions arrivés.

3

Nous pénétrons dans le salon et nous nous installons en rond. Dans la pénombre scintillent les cuivres d'un buffet chinois et les rubans dorés d'un bouquet de roses d'organza. Je me souviens d'avoir regardé la pendule murale qui marquait quatorze heures quarante, et le geste machinal d'Armando en fermant la porte : en plein jour, il avait tiré le verrou.

Nous sommes là, frères et sœurs et belles-sœurs, lot d'âmes appariées par les bizarreries de la vie. Il y a ceux avec qui, depuis l'enfance, j'éprouve des affinités, et ceux vers lesquels aucune passerelle ne m'a conduit.

Maintenant, le rôle inconscient que j'ai joué justifie à leurs yeux mon comportement, mon silence obstiné, mon indifférence à leur égard, car ce rôle, comme joué à mon insu, par une obéissance aveugle aux desseins qu'il n'appartient à personne de dévoiler, était bien celui qu'ils avaient attendu de moi et, disaient-ils, ce pour quoi j'étais né.

Ils ont pénétré dans un rêve plus vaste que les leurs, et à mesure qu'ils multiplient les commentaires, le rêve s'élargit, les enveloppe, les protège : me voici auréolé du bonheur qu'à les entendre je leur procure.

Ils disent que je suis « arrivé », et je ne les contredis pas, alors que le mot me déplaît puisque si, aujourd'hui, je leur offre l'occasion de se réjouir, c'est que, telle tâche accomplie, j'ai sans répit eu à réussir la suivante, obligé d'épuiser un autre chemin, chaque réussite alourdissant la conscience de mes carences, de sorte que, pour avancer, j'ai souvent emprunté des tunnels, dans l'angoisse de ne pas atteindre la clarté, là-bas, tout au bout, fût-ce pour m'accorder une pause. Et comment et à quoi bon leur avouer que ce qui irradie au fond de moi, qui me suis dressé à l'aventure, c'est la peur : la peur animale qui, comme l'amour ou la foi, ignore sa propre cause. La peur qui dort en nous de son mauvais sommeil et, réveillée, a tout empire sur l'esprit.

Je n'ai pas non plus le droit de leur avouer que, depuis ce qui s'est produit, qui m'a porté à leurs yeux plus haut que je n'étais capable de monter, je me vois plutôt à distance ; et lorsque la pensée prend toute la place, je me sens plus à l'aise si j'adopte la troisième personne du singulier : le « je » ne dit rien de lui, il n'est que ce qu'il est pour les autres, une perpétuelle imitation de lui-même. Sous les apparences, pourtant, la certitude que quelque chose en nous ne changera jamais, quelque chose que l'on peut projeter dans l'avenir tant que le désir brûle.

Ils me regardent et par instants l'un ou l'autre me fixe dans les yeux entre sourire et larmes, n'osant pas croire à mon retour, essayant de m'isoler, de créer une intimité particulière, de me faire sentir à quel point il se réjouit que je sois là, et son impatience de confier un secret à celui désormais paré à ses yeux du halo qui entoure les élus. Nous partageons tous peut-être alors le sentiment de nous trouver à l'intérieur d'un cercle, arrivés au point du temps où nos vies s'entrelacent.

On sonne à l'entrée, et avec une brusquerie maladroite Armando se lève, l'atteint d'une enjambée, et attache la chaîne de sécurité avant de l'entrouvrir.

Non sans quelque rigidité de la tête, tous les regards se tournent vers lui. Un rayon de lumière frappe le buffet chinois, et des rivières de nacre se dessinent, des ponts, une pagode et une procession de personnages minuscules en or et rouge, qui disparaissent lorsque mon frère claque la porte : « Rien, non, non, rien. Un voisin. »

Les dialogues croisés reprennent. Tout à coup, au cours d'un échange banal, des mots ouvrent un abîme que d'autres mots essaient en vain de refermer : « Une intervention chirurgicale inévitable et incertaine... »

Oui, elle a bien dit cela : on cherche à dissimuler l'étonnement qu'elle a causé ; on se redresse, digne, personne n'a rien entendu, mais l'air de reproche qui s'est peint sur les visages tarde à s'effacer. Et dans un murmure, quelqu'un : « Ce n'est pas le moment. »

Encore décontenancé par l'incident de la porte – et du voisin ? –, penaud, Armando s'emploie vite à distraire la compagnie. Il a récupéré l'entrain qui le caractérise, et il n'y a plus d'impair.

J'interromps ici mon récit. Je tiens à inviter mes frères et sœurs à faire acte de présence ; qu'ils quittent la coulisse, qu'ils s'avancent et prennent place sur la scène, selon l'ordre de préséance que l'âge de chacun et l'usage commandent. Qu'ils trouvent la lumière qui convient à leurs traits. Qu'ils m'entourent et surveillent mon souvenir.

4

Cecilia, quatre-vingt-quatre ans, précède la mère dans le théâtre de la mémoire : c'est la nuit, mais il y eut tant de ces nuits ! et je suis dans ses bras ; je pleure, je crie, je braille, insomniaque précoce. Je me souviens de rages à vomir, de sanglots qui étouffent. D'où venaient-elles ces rafales de désespoir qui selon l'aînée pouvaient se prolonger des heures ? Je suis dans ses bras, elle murmure sans doute une chanson, elle tourne entre le lit de cuivre et l'armoire à glace de la mère. Elle est l'aînée. Je n'aurai jamais été jaloux que d'elle.

Il entre si peu dans sa nature de se plaindre ou de s'attrister, que de son regard émane en permanence une sorte de paix mêlée d'une paisible ironie ; ses silences sont attentifs et elle donne l'impression de ne jamais avoir jugé personne. Elle ne fait aucune allusion à ses malheurs – le mari dont le cerveau s'est éteint au long de très nombreuses années, le fils qui a raté son adolescence dans les prisons des militaires –, et si quelqu'un s'avise de rappeler d'un ton apitoyé les faits, elle proteste avec ce sourire tout intérieur qui sans modifier ses traits se répand, ténu, sur son visage.

Parfois, à la faveur d'un rayon de soleil ou d'un mot malintentionné qu'on nous adresse, quelque chose se produit en nous qui à notre insu nous transfigure : on s'est quitté soi-même, on agit comme un autre. L'autoportrait que nous avons peaufiné et portons en nous pour aller de l'avant ne souffre aucun changement. Pourtant, nous avons, un moment, changé d'âme, et nos témoins ont ajouté au portrait un aspect insoupçonné de nous. Nous effleurons sans trêve des précipices en somnambules, et nous vivons quelque chose d'autre que ce que nous sommes.

Cecilia, non : jeune fille à la campagne, elle avait appris toute seule, par correspondance, l'a b c de la couture, la coupe et la confection, avec de la toile à patron, une machine à coudre Singer, et un vieux mannequin rembourré de crin, aux formes 1900. Je tiens d'elle cette expression qui m'intriguait et qui m'enchante : « le tombé du tissu ». Maintenant qu'elle apprend à des jeunes l'art de la couture, sa première règle est l'accord entre le tombé et la coupe.

Ainsi que la mère, elle ignore le regret du passé ; la brièveté de son avenir l'inquiète-t-elle ? Personne ne saurait s'en apercevoir. Elle aime le présent, la journée à vivre. Elle parle de nos morts comme s'ils étaient vivants, et le mot « dieu » semble absent de son vocabulaire.

5

Jeune homme, Francisco, de deux ans le cadet de Cecilia, éveillait la curiosité de l'enfant qui, avant même l'âge de raison, n'ignorait plus qu'il ne revient pas aux cigognes de déposer dans la nuit des dormeurs le nourrisson, et connaissait déjà l'un des sentiers qui mènent à la volupté. Or, Francisco jouissait du privilège, accordé par le père, de se rendre un samedi du mois chez la prostituée de Las Junturas. Selon les dires, elle ne lésinait pas sur son dévouement si l'on condescendait à jouer aux fiançailles un bon moment avant de franchir le seuil : elle se voulait fiancée et, ensuite, victime d'un séducteur.

L'un de ces samedis s'est gravé dans les yeux de l'enfant : Francisco dans son sulky de courses de trot, au petit siège arrondi – « unipersonnel », dit-il, mon frère, aujourd'hui – à hauteur du moyeu ; et les brancards qui brusquement se dressent obéissant à l'élan du cheval qu'un innocent coup de cravache entraîne. C'est la tombée du jour, le sulky a soulevé une poussière épaisse et lente, et déjà il devient petit, de plus en plus petit, un point à l'horizon.

Un péon mélancolique et railleur, du bout des lèvres m'instruit.

Je n'aimais pas Francisco parce qu'il était le préféré du père, et celui-ci, à mes yeux d'enfant, l'ennemi de la paisible endurance et de la ténacité qui rayonnait de la mère. Le père, je le vainquis en lui arrachant le consentement à mon entrée au séminaire. Longtemps j'attribuai la victoire à ma nature farouche et, alors, indomptable ; mais je finis par comprendre que le paysan abonné à un grand quotidien qu'il nous enjoignait de lire afin que l'on fût au courant de la marche et des affaires de la planète, avait renoncé à l'ouvrier agricole que j'étais en puissance, à l'exemple de mes frères, parce qu'il portait en lui la nostalgie de la culture, sans soupçonner la diversité de ses entreprises et de ses possessions, qu'il réduisait à la science en général et à l'histoire, surtout à l'histoire en train de se tramer. Il ignorait que le monde des mots qui m'attendait n'était pas celui de la connaissance. Comme la lune autour de la terre, un satellite tourne autour de chaque langue dans les régions de la musique.

La quarantaine entamée, je me suis reconnu en lui, lors de mon premier retour en Argentine, quinze ans après mon départ pour l'Europe. Don Serafín allait sur sa quatre-vingt-sixième année ; le temps et l'oubli avaient accompli leur besogne, si bien que les membres de la famille qui jadis lui en voulaient de son irascibilité semblaient ne plus s'en souvenir.

C'est là que s'est produite l'une des révélations capitales que l'existence m'aura accordées : je compris que j'étais sa réplique à sa façon de rapporter les faits, de raconter ses rêves.

Si un homme se dévoile dans son maintien et, surtout, dans sa voix, il apparaît tout entier et tout un dans ses récits, dans l'ordre qu'il impose à leurs circonstances et à leurs figures, dans les détours qu'il effectue pour créer une attente en vue d'un dénouement surprenant, ou pour donner l'impression de savoir plus sur son sujet qu'il n'en avoue, changeant ainsi l'imprécision en atout.

A bien y regarder, le préféré du père lui ressemble, surtout d'aspect, par l'implantation en pointe sur le front et la souplesse disciplinée des cheveux que l'un et l'autre ont conservés intacts dans leur grand âge – mais les lèvres de Francisco sont charnues, alors que celles du père, dont le souvenir que j'en garde correspond aux photographies qu'on me montre, étaient minces, serrées, prêtes à la sentence lorsqu'il était calme, à l'invective quand il était lui-même.

La façon de se tenir de Francisco, présent avec modestie, est le contraire de l'arrogance figée que le père cultivait encore dans son port de tête, dans ses intonations, quand la voix ni le corps n'obéissaient plus à l'image qu'il avait sa vie durant employée comme une arme : pour en imposer aussi bien à sa famille et aux péons qu'au propriétaire de la ferme, où en deux semaines de récolte se jouait, dans la crainte d'un orage, le travail de l'année.

Comme ma mère... « Ma » mère : j'ai l'impression que je m'approprie la mère : toute seule pour moi, la mère.

Comme elle, donc, Francisco possède une fermeté tout intérieure. Il en a hérité le débit précis et serein qui ignore, quoi qu'il arrive, la manifestation d'un affolement, d'un désarroi. Cependant, il incarne le rêve de savoir selon le père : il connaît les dessous de la politique et de la finance ; il est au courant des dernières découvertes de la science et de la technique ; il porte, aussi bien sur son entourage que sur les puissants de ce monde, des jugements que l'on sent réfléchis ; et il paraît évident que dans son discours tout se tient : tous les arrangements qui sont en connivence, complices pour le bien et pour le mal sous toutes les latitudes, il les met bout à bout et il en résulte une cohérence qui le rassure, comme si cette table de matières hétéroclites que la lecture des journaux lui fournit accordait un sens à sa vie éparse, un contour.

Aussi justifie-t-il, sans y songer, la préférence que le père lui a toujours témoignée. Dans ses veines, le sang du père et de la mère : de lui le corps, d'elle le caractère.

C'est Francisco que j'entends dire à mon adresse : « Toi, on savait déjà, quand tu étais petit, que tu arriverais là où tu es. »

De légers hochements de tête, des sourires ébauchés, une plaisanterie que célèbre, seul, le rire du plaisantin, marquent l'assentiment de la famille. Et je les laisse se méprendre à mon propos, pour ne pas leur voler leur bonheur : comment leur expliquer que le sentiment de la solitude, le caractère de la vie, de nous tous, la peur renouvelée sans cesse, sont moi-même, ce que je suis – et que les abeilles de la littérature ne sont pas seulement friandes de fleurs.

6

Il y a tout à coup quelque chose de perdu entre moi et mes frères et sœurs : nous nous regardons avec des yeux qui ne se reconnaissent pas tout à fait. Ce qui est sûr, c'est que chacun veut cacher ses tracas, mais sa contenance crie plus fort qu'un aveu. Et j'imagine, bien que je n'aie pas de précisions, leur difficulté à gérer la pauvreté.

Les belles-sœurs échangent un signe de connivence et, pareilles aux spectateurs qui quittent furtivement la salle, elles se lèvent et bientôt des cliquetis nous parviennent de la cuisine, une petite musique précautionneuse de faïence, de cristal, qu'interrompent trois coups abrupts frappés à la porte d'entrée par une main à plat : sans presque bouger la tête, on échange des regards de coin, et Orlando pose une question pour me distraire, mais la manière de se tenir des uns et des autres, de tendre l'oreille en faisant l'effort de ne pas se détourner de moi, me rappelle les années lugubres de Perón, quand la canaille quadrillait les villes et la délation écoutait aux portes.

Armando ouvre et à l'instant accueille, s'avançant d'un pas pour retenir sur le seuil l'importun, un ancien camarade, me souffle Orlando, du temps où tous deux portaient tablier et toque pour faire accroire au voisinage qu'ils officiaient dans un restaurant huppé de la ville, alors qu'ils trimaient dans une cantine d'entreprise.

L'ancien camarade d'Armando est un colosse informe, au teint rougeaud, que ses membres et sa taille embarrassent. Il a eu vent de mon arrivée et voulait être le premier à me serrer la main. La sienne est un vrai battoir, mais sa poignée, molle et indécise, glisse sur mes doigts.

Toujours assise en rond avec solennité, la famille intimide le visiteur : ceux qui le connaissent le saluent sans pour autant quitter leur siège ni donner le moindre signe qui l'encourage à se rapprocher. Moi, je me rassois et lui, qui avait gardé un pied sur la pointe pendant que, pour couper court, je me levais comme pour aller à sa rencontre, baisse le talon et à reculons gagne la sortie. Il ne ressemble pas à l'homme qui tout à l'heure s'était annoncé avec tant d'alacrité. La porte à peine refermée, Elvira proteste contre l'abus de familiarité des voisins.

7

De toute sa personne, dans le moindre geste qu'elle fait se dégage une autorité que je ne lui avais pas connue : sa voix en est à l'origine, qui, avec le temps, est montée de la gorge vers le nez, consolidant le timbre, lui permettant de tenir sur le même registre des propos catégoriques sans privilégier aucun mot ni aucune syllabe, ce qui rend sa diction d'une parfaite netteté. Sa voix, rien ne semble l'altérer, ni le déroulement des malheurs qu'elle évoque et qui composent sa vie, ni les larmes que leur évocation entraîne – larmes sur quoi avec gentillesse on la plaisante, qu'elle ne verse pas, mais qui, prêtes sous les paupières, coulent à son insu le long des joues.

J'écoute Elvira. Je la regarde : elle a ce front haut, bombé et d'ivoire qui fut un sérieux désavantage dans sa jeunesse et qui, maintenant, en harmonie avec sa voix sonore et monocorde, lui donne une dignité sans ostentation. Elle a subi les épreuves sans jamais s'incliner, et porté son expérience de la vie à la hauteur d'une science : les faiblesses du monde, de quel regard placide elle les interroge.

Dans un élan subit de tendresse, elle me sourit et son regard crée une intimité qui, un instant, nous isole de la compagnie : ramené de loin, de mon enfance, de son bonheur de jeune mariée, un souvenir, en elle, en moi, confronté, rapproché, suscite une coïncidence rare : celle de deux mémoires qui ont préservé intact, la même après-midi, le même moment vécu ensemble, petit îlot dans l'étendue de plus d'un demi-siècle : je lui avais demandé de me confectionner une veste dans une toile pareille à celle des sacs à blé, de l'armure la plus simple. Elle avait consenti à mon caprice et moi j'avais fait perdre deux journées à la couturière qui, à peine installée à Las Junturas avec son mari – lequel en était « le » coiffeur –, avait intérêt à soigner une clientèle encore bien incertaine.

La toile, je l'avais dénichée dans l'arrière-boutique du boulanger et il me l'avait offerte. L'idée de m'en faire une veste émanait d'un article sur les avatars de la mode parisienne pendant la guerre – c'était en 40 ou en 41 –, que j'avais donné à lire à Elvira pour la convaincre du bien-fondé de ma demande : faute de tissus de prix, même la haute couture taillait des robes dans du coutil, les coloriant parfois d'applications – ainsi que, plus près de nous, la génération des *flower power*, ses blousons, ses jeans.

Comme il est étrange que des gens rustres, une jeune couturière et un enfant mal dégrossi, dans un bled de la plaine agricole, aient pu obéir au magistère de la Ville Lumière, à laquelle l'un d'eux appartiendrait un jour.

Elvira et moi nous essayons de rendre l'assistance complice de ce phénomène : l'exactitude partagée d'un souvenir – mais personne n'en saisit la portée, sauf Cecilia dont les grands yeux marron qu'une pointe de malice allume bougent derrière ses lunettes teintées et, d'instant en instant, envahissent leur surface – telle l'éclaircie entre les nuages qu'un étang reflète, ou les ombres à fleur d'eau qui jouent avec le vent. Mais le moment d'entente absolue avec Elvira ne va pas se prolonger sans que j'éprouve un pincement au cœur lorsqu'elle me raconte la maladie de celui que jadis nous tous appelions gentiment par son patronyme, Griffa, comme s'il se fût agi d'un sobriquet. Un surcroît d'autorité ralentit son élocution au moment où elle prononce ce mot : « Mon mari. »

Comme si je ne l'avais pas connu, moi, le gardien désigné par le père quand, les dimanches, Griffa arrivait de Las Junturas à bicyclette, et que les fiancés s'éloignaient de la maison par des sentiers épais de poussière, entre un champ de luzerne et des chaumes brûlés. « Mon mari » : Elvira n'aura pas cessé de l'appeler ainsi au cours de mon séjour – en guise de reproche parce que je ne lui aurai pas fait signe lors de son décès ? Ou était-il question d'une mise au point décidée de longue date, en témoignage de fidélité à l'absent, pour imposer, mort, à la famille, l'homme sombre qui, de son vivant, s'était abstenu de tout effort pour vraiment en faire partie ?

Je garde l'image d'un garçon taciturne, comme à l'écart de lui-même. Je n'ai pas souvenir de sa voix. Je me rappelle son strabisme, mais pas la couleur de ses yeux.

8

Parmi les quatre frères, deux célibataires : moi et Orlando, de cinq ans mon aîné. Il a des traits communs avec la cadette, Elida, et tous deux, aucun avec leurs frères et sœurs ni avec le père ou la mère. Mais leur ressemblance s'arrête aux linéaments du visage, car l'expression les oppose.

Au repos comme endormie, il y a des lointains dans les silences d'Elida, et dans son regard des réserves d'une tendresse qui n'aurait plus à s'exercer sur grand-chose. Placide et en même temps alerte, il paraît impossible de rendre un jugement sur son humeur ou sur l'effet des paroles qu'on lui adresse : elle les accueille ou les refuse d'une voix lente et pédagogique, dans la commissure des lèvres l'ébauche d'un sourire ou, on ne sait pas trop, d'un pli amer.

Se retire-t-elle d'une discussion? on sent qu'elle n'en pense pas moins – mais déjà elle a regagné son for intérieur et, sans arrogance, mais inébranlable, elle reste sur son quant-à-soi mêlé de timidité, de molles rêveries de friandises.

9

Il m'est difficile de concevoir la vie célibataire d'Orlando, de l'imaginer seul lorsqu'il rentre chez lui et qu'il ne dispose plus de personne qui puisse célébrer l'une de ces anecdotes qu'il a collectionnées et polies sa vie durant – et qu'il enchaîne quand l'assistance se montre attentive et bienveillante, prête à assurer le succès du conteur, lequel, comme tout amuseur, prend ses précautions en suscitant le rire des autres par le sien, immédiat.

Il veut qu'on l'écoute, qu'on rie, aussi joue-t-il sa propre claque. Si quelqu'un a réussi à prendre la parole et s'attarde sur une histoire, il retient son souffle afin de ne pas rater le prochain tour, figé dans l'attitude de celui qui a été interrompu : ses lèvres fines s'amincissent encore et s'étirent sur une rangée de dents trop régulière, d'un éclat qui n'appartient pas à la nature.

Il y a toujours eu en lui un enfant qui cherche à s'échapper et reste cloué sur place, émerveillé, tel l'enfant des villes face à son premier coucher de soleil à la campagne.

La tête chauve désormais, les joues rubicondes, les yeux boulus, les années lui ont forgé un masque drolatique en accord avec son caractère – et de lune rousse dessinée par un gamin si en le regardant on plisse les paupières pour estomper les rides et la rougeur de ses pommettes.

J'avais eu vent des réserves qu'il avait émises à la lecture de l'un de mes livres, à cause de la description de la ferme, où, peut-être pour une syllabe de trop ou de moins et, somme toute, pour une intime affaire de cadence, j'avais changé le nom d'un arbre, modifiant ainsi un paysage qui nous était commun.

Mais ce devait être pour bien d'autres choses et d'une tout autre portée qu'il s'était promis de mettre les points sur les i lors de ma venue. Maintenant, en revanche, à deux reprises, il a répété à nos frères et sœurs la phrase que je venais de prononcer, comme si j'étais absent ou qu'ils fussent durs d'oreille. « Il dit », leur fait-il observer, et je deviens, sur l'instant, celui dont la parole doit être préservée.

Il cueille les mots qui le frappent ; sans doute y voit-il l'amorce d'anecdotes susceptibles d'enrichir ses fonds. Si loin qu'il se trouve de toute idée de la littérature, il n'ignore pas que les mots rassemblent ce que la vie disperse, et cette pensée n'a pas encore mûri qu'il lui porte un démenti, alors que, s'adressant à la compagnie, mi-figue mi-raisin, mais cherchant mon assentiment et, qui sait ?, aussi à me faire plaisir, il risque une hypothèse : « Je ne serais pas étonné que ce moment, cette réunion de famille, donne quelques pages... Quelques pages où, bien entendu, je ne dirai pas exactement ce que j'aurai dit, ni personne. »

Il a jeté la ligne dans mes eaux et il attend que je morde à l'hameçon. En guise de réponse, je souris. C'est la première fois que nous nous regardons ainsi, les yeux dans les yeux. De façon secrète, tâtonnante, il a approché ma vérité à moi, laquelle n'a pas partie liée avec la vérité des faits.

10

Avec sa tête de paysan piémontais ennobli par l'existence, son visage au front vaste, aux yeux d'un bleu limpide, ses cheveux châtain clair qui ont été blonds, son âge auquel personne ne saurait croire, ses trois filles superbes qui ont laissé loin derrière elles la classe laborieuse d'où elles sortent, Armando, l'historien de la tribu, en est aussi pour ainsi dire le chef, puisqu'il en acquit autrefois le droit au rang, à une période de sa vie où, sans être devenu riche, il vivait dans l'aisance et pouvait soulager, parmi les frères et sœurs, les plus démunis. Témoins réciproques de toute l'étendue de leur vie, une communauté entière de sang et de souvenirs les a sans interruption unis.

Moi, j'étais parti pour le séminaire, puis pour l'Europe, une main derrière, l'autre devant. Je ne donnais pas de mes nouvelles, longtemps trop mauvaises ; ils ignoraient même en quel pays je me trouvais. Bien des années s'étaient écoulées lorsqu'ils apprirent par les journaux que j'écrivais des livres et, plus tard, que j'avais abandonné notre langue d'enfance.

Eux, ils ont toujours été solidaires les uns des autres ; ils ont le sens de la famille, de sa pérennité. Maintenant, puisqu'ils me savent de passage, chacun tient à ce que je voie le lieu qu'il habite, afin que j'emporte de lui un souvenir précis, concret, encadré.

Aujourd'hui, plus de quatre décennies après mon départ, ils conviennent qu'il fallait une exception, qu'un membre de la famille n'eût point le sens de la famille. « L'atome qui fait un saut de côté », dit Elida qui, sans avoir de notions particulières en physique, en connaît le langage. « Comme l'atome négatif, corrige Francisco, grâce auquel la matière est vivante. »

Je reste perplexe, embarrassé ; ce genre de curiosité vagabonde est aussi le mien.

Je ne me sens pas le droit de leur infliger le récit de mon itinéraire. Je voudrais les supplier de ne pas m'aimer, de ne pas m'auréoler de prestige, mais je n'ai pas le droit de rompre l'enchantement qui les obnubile, où ils puisent la fierté de leur patronyme d'immigrés dont désormais le pays s'enorgueillit et qui, du temps de notre jeunesse, fut une mortification constante, une tare, une honte. Il me faut admettre de figurer dans leur morne histoire collective comme un symbole suffisant à susciter l'illusion, pour leurs enfants, que quiconque peut réussir sa vocation, même dans l'adversité, car personne ne connaît la limite du possible.

11

Tout d'un coup, un silence se produit, et chacun a l'air terriblement solitaire. On le dirait empêché de formuler ces pensées que l'on a toujours refoulées au fond de soi pour mieux surmonter l'existence – ces mots que l'on redoute dans la mesure où ils pourraient n'être que les cache-misère d'une nostalgie, la négation des certitudes provisoires qui sont nos béquilles et que l'on doit néanmoins trouver et prononcer pour parachever le destin, avant de céder à la résignation et d'entrer à jamais dans l'oubli.

Et cela, qui n'aura duré que quelques secondes, fait une masse d'obscurité si lourde qu'Armando se lève avec une sorte de jovialité à laquelle son corps obéit non sans que des membres alourdis par les rondeurs soient insensibles à son entrain.

Il est parti vers la cuisine en fredonnant un tango sur un ton parodique ; et maintenant autoritaire, il donne des consignes à sa femme et à sa belle-sœur, en train de préparer le dîner, puis on l'entend qui reprend sa chanson, d'une voix intime où il est lui-même tout entier – jeune homme qui dans les bals de campagne, l'été, après la récolte, renforçait par les paroles du tango les plaintes d'un accordéon qui avait, je m'en souviens, laissé bouche bée le voisinage parce qu'il était le premier instrument du genre, pas seulement à boutons, mais à clavier, que l'on voyait dans les parages.

Au bord de ses lèvres, j'aurai l'occasion de le constater, un tango resurgit toujours dans les pauses de la conversation, un rythme continu qui circule en lui des pieds à la tête, imposant au seigneur qu'il est l'allure balancée de la gouape et une dérive sentimentale.

Il revient de la cuisine, il nous invite à passer à table ; il est heureux et souhaite que tous se montrent heureux, pour m'honorer. Il est accueilli par des exclamations enjouées, non sans mesure – mais Orlando, lui, avec l'avidité de qui ne réussit pas à satisfaire ses appétits, se vante de son penchant pour la ripaille, son grand souci, depuis qu'il est à la retraite, étant de trouver un prétexte pour en organiser chez les membres de la famille, ou chez des amis.

On se redresse avec prudence, accommodant ses articulations, étirant, une par une dirait-on, les vertèbres tassées, et le petit cortège s'ébranle pesamment. Ils avancent, les aînés, avec leur maintien et leur démarche gouvernés par l'usure des os. On s'efface devant Cecilia qui s'appuie sur une canne, et nous passons le seuil de la salle à manger à petits pas, avec componction, recueillis, comme on pénètre dans une chapelle ardente. Mais sur la nappe en damas rouge, la lumière, le coloris, l'abondance et la variété des hors-d'œuvre proposés dans un long plat effilé qu'escortent des bols d'argent, rétablit le climat de réjouissance, et le gâteau dans une résille de caramel, qui attend sur le buffet, déclenche les applaudissements.

Les voix montent, s'entrecroisent, les plus faibles gagnent le registre suraigu essayant de triompher du brouhaha, mais en vain : bientôt on n'en distingue aucune, il n'y a qu'un théâtre inaudible d'expressions, d'attitudes, de gestes, et le vacarme s'arrête quand le long plat effilé et les bols d'argent, vides, sont enlevés.

Alors, dans l'attente de ce qui va suivre, sur un ton en accord avec les dimensions de la pièce et l'écart des convives, des phrases glissent, indécises, rapides soudain, tels les poissons d'un bassin en quête de miettes.

On entend des chocs de vaisselle en mesure, une petite musique méticuleuse et rudimentaire qui vient de la cuisine – des heurts de métal et de porcelaine, puis le piquetage rythmé de talons aiguilles qui approchent.

Si un étranger doué de sagacité entrait dans cette pièce, il remarquerait au premier coup d'œil que quel que pussent être mon désir de déracinement et la diversité de nos caractères et de nos goûts, nous sommes fortement semblables et, ce soir, munis d'une certitude : le moment. Car, sans y penser, de toutes nos forces, nous sommes en train de retenir le présent.

Chacun de nous n'est, certes, qu'un amalgame d'envies, de propensions, de travers, dissimulé, caché aux autres, mais on communie avec l'enfance ensevelie, au moyen de saveurs – qui est qui, lorsqu'en même temps on savoure la même chose, cette friture à la piémontaise de viandes et de légumes accompagnée de flans de semoule à l'orange et au chocolat ?

« Maman n'aimait pas le sucré avec le salé...
— Elle n'aimait pas non plus les desserts...
— C'est moi qui faisais ces flans-là...
— Quand il y avait des oranges...
— Maman aimait les fruits.
— Il n'y en avait que toutes les morts d'évêque ! »

La mère. La ferme. La mère dans la ferme, qui s'ingéniait jour après jour à faire une cuisine subtile avec des riens, pour récompenser ses fils qui labouraient la terre de l'aube au crépuscule.

« Avec une charrue tirée par des chevaux...
— ... des percherons...
— ... jusqu'aux semailles de printemps.
— Puis, la moisson. »

12

Tel un athlète victorieux, Armando, qui a quitté la table, revient à grandes enjambées, dans la main gauche un magnum qu'il tient par le cul – mais il glisse, se rattrape, étreint l'air comme un naufragé et, la bouteille sur la poitrine, glisse de nouveau et tombe de toute sa longueur et sa corpulence sur le carrelage, miroitant pour la circonstance, tandis que la grosse bouteille, qu'il n'a pas lâchée, fracasse la baie vitrée.

On n'a pas le temps de lui prêter secours que d'un seul élan il exhibe la bouteille, qu'il a récupérée intacte, entre les éclats coupants de la vitre et, se remettant debout, retrouve son aplomb, qu'il exagère, parce qu'il est vexé.

Un rire explose dehors qui paralyse ceux qui célébraient sa prouesse, ainsi qu'Orlando en train de souffler à l'oreille d'Elida : « Pourvu qu'il ne s'agisse pas du cœur... »

Cecilia et Elvira qui, toutes deux, tournent le dos à la baie, écartent sans bruit, presque sans se lever, leur chaise, adoptent, jambes croisées, une position de biais, et suggèrent de tirer les rideaux.

Un rire, un rire dehors? On en est sûr? Ce doit être l'un de nous qui a ri. Armando en tête, on s'applique à me rassurer, à atténuer l'importance de la chute et du rire venu de l'extérieur. Une blague, sans doute, de ce garçon du voisinage qui a de qui tenir sa fainéantise – si je voyais ses parents, un couple de créoles qui ne font que boire...

Et tout d'un coup il se fait ce silence attentif, pour ainsi dire de rigueur, que suscite le geste de celui qui tend son verre et de celui qui, inclinant la bouteille, y verse la boisson, avec lenteur et au moins à deux reprises lorsqu'il s'agit d'un mousseux. Mais quelqu'un casse une branche à l'un des arbustes chétifs qui, le soir, prennent l'aspect de sentinelles dans le jardinet, devant la baie. Cette fois, le bruit, net, vient bel et bien de l'extérieur. On tend l'oreille. Rien ni personne ne bouge : des pas allégeraient la tension, mais la nuit est calme, fermée, absolue.

Armando écarte avec violence les rideaux, passe au salon dont la porte ouvre sur le porche. On le suit, en le suppliant de ne pas s'exposer, mais c'est par bravade qu'il agit, rien à faire, on ne va pas lui gâcher le plaisir de nos retrouvailles, et nous voici tous dans le jardinet – qui n'est pas de niveau avec la rue, à laquelle mènent de très hautes marches bordées, d'un seul côté, d'une cordelette attachée à des piquets, en guise de rampe.

On aperçoit les maisons d'en face, qui répètent dans toute la banlieue le même ennui, et des arbrisseaux ; plus loin, une longue bande de toits – les alentours de la ville, là-bas où la plaine s'enfonce. Se frayant un passage dans un ciel de cendre, la lune rend nos visages de marbre, mais le ciel se couvre et nous redevenons des formes grises. Armando nous a intimé l'ordre de rester sans bouger, en silence. Nous l'écoutons, nous guettons. Orlando et lui sont descendus pour inspecter la rue. Les marches sont dangereuses. On les suit du regard un long moment, puis ils reviennent, remontent. Armando s'essaie à nous faire rire avec une histoire de fantômes, et Orlando profite de l'occasion pour en abattre plusieurs de son répertoire, parmi lesquelles certaines à l'origine de mes peurs, du temps de la ferme.

Le brouillard s'est levé et à l'horizon, jaunâtre, il y a des lueurs brusques, des feux d'artifice bien modestes, à moins que la distance ne nous trompe. On s'interroge sur le motif de cette parade ; est-ce une fête du calendrier, un mariage, l'ouverture du Sheraton dont on aurait fini les travaux ? Une floraison d'étincelles roses rapproche l'horizon, se multiplie, monte, puis diminue, et le rideau tombe.

En aparté, je confie à Armando mon intention d'aller, le lendemain, dans la matinée, au cimetière, pour visiter la tombe de nos parents. En même temps, j'entends que les sœurs, veuves toutes les trois, parlent de leurs maris, comme s'ils étaient des gens en voyage. En dépit de l'obscurité, Cecilia a perçu mon trouble. La lumière et la nuit se partagent un moment son visage – la lumière d'une fenêtre qui éclaire avec une extrême netteté son menton et ses lèvres, et la nuit qui pose sur son nez un demi-masque. En souriant, elle dit : « La mort n'oublie personne » – alors qu'Armando m'avouait que, justement, Orlando s'était demandé si j'exprimerais le souhait de me rendre au cimetière, ou s'ils seraient obligés de me suggérer le pèlerinage.

Ainsi, ils s'inquiétaient de mes sentiments envers la famille, ils s'interrogeaient sur la véracité de cet amour de la mère qui est passé dans quelques-unes des pages que je lui ai consacrées ; ils s'étaient méfiés de moi.

Je comprends leur suspicion, je m'y attendais, l'avais prévue, et prévu de manifester mon intention qui, quant à ma mère, était d'apaiser une ardente nécessité : si on accompagne les êtres chers dans leur mort et si on les porte en terre, ils nous accompagneront notre vie durant, avec discrétion, avec retenue, légers ; ils suivront de loin nos pas ; il nous arrivera même de nous tourner vers eux, d'être persuadés, quelques instants, qu'ils veillent sur nous. En revanche, lorsque, absent, on ne les a pas vus partir, ils restent devant nous, dans l'attente d'un geste de notre part, pour quitter le monde, pour bien mourir.

Les frères et sœurs hésitent à regagner le salon, et davantage à rentrer chez eux. On reste sur place, dans l'humidité de la nuit. Il faut que quelqu'un donne le branle. « Il y a dix heures que nous sommes ensemble », dit Orlando qui propose aux aînés de les ramener. Et Elvira, qui ne semble pas s'apercevoir que des larmes coulent sur ses joues, de sa voix bien placée : « C'est un rêve de te voir ici, on a peur de se réveiller. »

A-t-on entendu, comme moi, un remue-ménage derrière les buissons ? Non. Personne. Des cambrioleurs s'y prendraient autrement. C'est le bruissement du feuillage, ce petit vent duveté qui s'est mis à souffler.

Les portières claquent, ils baissent la vitre, passent la tête, leurs mains font éventail.

J'avais vingt ans et je venais déjà dans ce quartier, dans une maison semblable, aux murs crépis, au toit de tuiles rouges. Armando y habitait avec sa première femme, la mère de ses filles, que l'on n'appelait que par ce surnom très courant encore dans la petite bourgeoisie, avant la diffusion du Coca-Cola et de la cocaïne : Coca. Elle est morte il y a bien des années. Toute la journée, elle a été présente à mon esprit, sans que j'ose l'évoquer, ni personne au reste, alors que nous ramenions sans cesse le passé au présent, par égard envers Gloria, veuve elle aussi, avec qui Armando s'est remarié.

Un trait relie Gloria à l'absente : comme celle-ci, elle donne l'impression de saisir votre pensée, de percer votre secret, de vous comprendre, et même de vous pardonner. Mais elle se tient en retrait, avec modestie, elle s'efface par crainte de se montrer indiscrète. D'un naturel expansif, Coca communiquait aux autres son goût de la vie, et, non sans ironie, à moi : c'est auprès d'elle que je cherchais à me faire plaindre.

Je suis peut-être le seul à avoir préservé intacte l'image de Coca dans sa plénitude ; le seul à pouvoir me remémorer l'éternelle jeune femme aux yeux pleins de malice et au large sourire innocent : elle se montrait toujours souriante, ou sur le point de sourire. Il arrive que l'on ait des rapports privilégiés avec les morts.

Le temps aura modifié son aspect, multiplié ses visages, les superposant dans la mémoire de ses proches, d'Armando lui-même. Pour moi, elle a l'âge que l'on retrouve, dit-on, au Paradis.

13

Mon frère m'avait dit : « Voici la chambre qu'on t'a préparée », comme s'il en avait eu le choix. Dès que mes frères et sœurs étaient partis, j'avais laissé la fatigue s'emparer de mes membres : elle s'y appesantissait, s'y changeait en torpeur. Cependant, du coin de l'œil j'avais cueilli, sur la commode, la rose rouge dans un nuage d'asparagus, de sorte que je pus remercier Armando de ce geste qui était sans doute celui de sa femme. Il tira, non sans effort, le lourd volet de la petite fenêtre, percé de quatre trous de la taille d'une pièce de monnaie, et nous nous souhaitâmes une bonne nuit. Je le devinais ému ; il eut la délicatesse de le dissimuler.

Assis sur le lit de fer, j'enlevai mes chaussures ou, plutôt, les pieds s'aidèrent l'un l'autre pour s'en libérer. Et je me suis étendu, avant de me déshabiller, pour faire une brève récapitulation de la journée, en prendre conscience, car il me semblait avoir donné la réplique au petit bonheur, tel l'acteur que la défection soudaine d'un collègue projette sur scène, quand, depuis longtemps, il a oublié le rôle.

J'éprouvais une raideur douloureuse des paupières. Les retrouvailles, les moments vécus à l'aéroport, sur la route, dans le salon chinois, dans la salle à manger, dans le jardinet, défilaient, insaisissables, avec une extrême célérité, pareils à la rosace d'un kaléidoscope tournant pour son propre compte, éparpillant les images – et au passage il n'y restait que des lèvres qui bougeaient, des yeux qui changeaient d'expression, comme dans un cinéma saccadé, mais silencieux.

Dans un regain d'énergie, je me suis redressé. L'armoire à glace était de ce style dit rustique qui contrefait celui de la Provence, auquel on attribue une saveur de terroir qui en ferait le charme, pour disculper la rudesse de ses moulures et de ses tarabiscots. Dans un coin de la chambre où, de toute évidence, on reléguait ce qui était hors d'usage, il y avait des chaises paillées enchâssées l'une dans l'autre, leurs barreaux recouverts de poussière. Le miroir me renvoya un regard torve ; j'en fus surpris. J'enlevai l'édredon que je crus reconnaître. J'ouvris le lit.

La maigreur du matelas se fit sentir davantage. Les draps, de tergal imprimé, étaient marron foncé. Et je me suis rappelé, pour la première fois, les grands draps de l'enfance, en métis, la noblesse de leur texture.

Le sommeil, le frère de la mort, selon le poète, se retirait laissant, marée basse, des étendues désertes. Je pars et je reviens et je repars, et du métis je glisse aux matelas qu'à la veille de Noël, après la moisson, on décousait pour en laver la toile à larges rayures espacées, et rendre sa souplesse au rembourrage, cette laine de nos moutons, toujours de première tonte, disait avec fierté le père. Je le vois, un genou à terre, la main gauche sur l'encolure d'un mouton, en train d'apprendre à mes frères la manière correcte d'enlever le lainage en égalisant, en brosse, le poil coupé ras. Je ne perçois pas l'instrument dont il se sert ; le souvenir d'un autre moment ajoute à l'instantané le grand ciseau qui d'ordinaire pendait à un clou dans la cuisine, ouvert, telle une hirondelle empaillée, mais le mot « ras » m'a rappelé une tondeuse à va-et-vient, comme celles de petit format que les coiffeurs de l'époque utilisaient pour éclaircir la nuque.

Aux femmes revenait la tâche de remettre à neuf chaque matelas, répartissant de façon uniforme, dans la toile, la laine qu'elles avaient lavée, remuée toute une journée au soleil, puis peignée. Ensuite, il leur fallait réussir, tiré au cordeau, le bourrelet qui les entourait deux fois, leur donnant une épaisseur ferme, une consistance, ainsi que la symétrie des piqûres du capiton.

On ne mangeait du mouton qu'en de rares occasions, alors que le troupeau comptait une cinquantaine de têtes. Elles étaient destinées à fournir la laine de nos matelas, à pallier l'austérité de la vie dans cette campagne où un voyage à la capitale de la province procurait des connaissances que les proches étaient incapables de partager et, par là, précieuses ; et une virée à la capitale du pays modifiait à tout jamais votre passé. J'ai connu, dans la désespérance de la ferme, l'espoir de Buenos Aires ; et à Buenos Aires, l'espoir de l'Europe.

Mais, des moutons on avait dû en tuer, au moins pour les bouviers inexperts : j'aimais monter à cru, sentir le glissement de la robe de ma monture sur ses flancs ; or, si un jour je galopais trop longtemps, avec pour conséquence une irritation ardente aux fesses, à l'intérieur des cuisses et des mollets, le lendemain je jetais sur le cheval l'une des peaux bien assouplies, et je me rappelle que le galopin en avait le choix.

Ici, chez mon frère, le matelas qui se soulevait d'un côté lorsqu'on se retournait, était, comme l'oreiller, taillé dans l'une de ces matières spongieuses dérivées du caoutchouc mousse, dont la dénomination change d'année en année.

Si je dérangeais la nuit de mes frères et sœurs, s'ils repassaient le film de la journée, ils devaient penser à moi, à une personne ; moi, en revanche, je pensais à eux tous, à chacun d'eux et aux ramifications insaisissables de notre passé.

Une phrase incomplète, d'où venue ? traversa mon esprit, telle une cadence n'ayant aucun rapport avec l'oreille : « Heureux ceux qui vont au lit avec une superbe musique, comme Pythagore... » Sa traînée lumineuse arrêta le tourbillon. Les quatre trous du volet de la fenêtre diffusaient une clarté blême sur les murs, redessinant le mobilier. J'avais l'impression de ne pas m'être endormi et, pourtant, celle de me réveiller. Un coq péremptoire se fit entendre dans la cour ; il y eut des piaillements, des battements d'ailes, le bruissement d'un envol nourri.

Je rejetai le volet qui heurta lourdement le mur. Le soleil se montra. Contre toute attente, le temps serait beau.

14

Il était difficile de croire, au premier coup d'œil, qu'on pénétrait dans un cimetière. Il s'ouvrait devant le visiteur pareil à un jardin conçu pour accueillir les enfants et les anges flâneurs. Le blanc y abondait, et les couleurs tendres : blanc et rosé le carrelage de l'allée qui le traversait de part en part ; blanches les délicates poutrelles de la pergola autour desquelles s'enroulaient des volubilis, au lieu du prévisible et lugubre lierre qui tue les arbres ; blanches les tombes, sans ornementation, quelques-unes déparées, certes, par ces bouquets dits perpétuels, autrefois de fleurs séchées, de nos jours en plastique.

Partout, du soleil : la lumière avait chassé les ombres denses et mouillées qui s'entassent dans les recoins des nécropoles, complices du noir cyprès hyperbolique, lance de la mort, et si beau quand il rappelle à l'ordre le paysage toscan, ou ponctue les vignobles de la Provence. Seul le feuillage jeune des trembles tachetait le sol. Des petits oiseaux avançaient sur leurs pattes en fil de fer, entre les tombes. Armando crut reconnaître le chant de la grive, mais d'où venait-il ? et dénicha des violettes dans le gazon.

Jamais plus légère cette grande leçon de silence que les cimetières déploient devant nous, ni plus tranquille la marée d'âmes délivrées.

Lorsqu'on m'avait annoncé au téléphone la mort du père, j'avais imaginé un cimetière en désordre, avec un columbarium à l'abandon, en accord avec la banlieue précaire qu'il habitait, à Córdoba : sans doute son cercueil glisserait-il dans une tombe à deux places, fraîche blanchie, qui tranchait sur l'incurie de rigueur dans l'enceinte.

La mémoire avait reproduit le cimetière de la campagne et la sépulture où, petit enfant, j'avais vu disparaître le cercueil de ma grand-mère maternelle. Cette représentation purement imaginaire se reproduira à la mort de ma mère, de façon presque identique : le lieu était le même et la tombe, blanchie depuis peu, mais la croix de fer, rouillée.

Mon frère m'avait devancé ; il se retourna, me fit signe de le suivre et disparut dans la masse de verdure qui bordait, à cette hauteur, l'allée centrale : derrière un rempart de jacarandas en fleur, on apercevait une énorme bâtisse de brique dont la vue me cloua sur place : c'était là que la nourrice des morts se tenait ; là, dans cette forteresse pompeusement sinistre qu'elle régnait.

Sans poser de questions, je me laissai conduire.

D'emblée, dès le vestibule, la propreté du marbre omniprésent, sur les murs et sur le sol, et un froid que la ténuité de la lumière n'aidait pas à endurer, contribuaient à l'impression d'irréalité que procurait le contraste du lieu avec l'extérieur, d'une candeur en trompe l'œil, un rien surnaturel.

Nous avons monté des marches emphatiques et suivi le large couloir des niches à cercueil. Enfoncés dans les hautes parois, les morts. Chacun dans sa cavité. Difficile de se faire une idée de la maçonnerie, toute hypothèse me paraissait inquiétante. Des plaques de bronze carrées, identiques, avec des moulures rectilignes et, en creux, le nom du défunt. Sur le côté, un porte-bouquet. J'avais apporté des roses.

Voici la mère. Ce fut le vide, l'incrédulité absolue, l'impossibilité de penser à elle, là, murée.

Le père se trouvait dans le même couloir, mais dans le tournant, à gauche.

Une sorte de regret s'était insinué dans la voix de mon frère ; il les aurait voulus l'un à côté de l'autre. J'évitai son regard. C'était bien ainsi : la mère et le père dans le même lieu, mais à quelque distance.

15

Elle était donc là, scellée, ma mère. Son corps, qu'au fil des jours, des années, je m'étais figuré desséché, mais épargné par la corruption, j'étais incapable de le concevoir dans un cercueil, impuissant à croire ce que je savais, ne réussissant plus à imaginer les restes de celle qui, échappée à l'orbe de la douleur, divaguait peut-être au-delà des constellations. Où, désormais, un reflet de cette présence qui éclairait notre vie dans la maison native ? Éteinte, résorbée dans les cycles de l'industrieuse nature qui sans trêve sacrifie tous les règnes. Et c'est le soleil qui fait éclore la rose, puis la meurtrit.

L'invention de Dieu, que l'on tend à attribuer à quelque malheur extrême, a dû plutôt se produire lorsque le cœur d'un homme débordant de bonheur éprouva le besoin de rendre grâces, et vit, comme il n'avait pas encore vu, le monde à l'entour, et conçut la hauteur du ciel. N'arrive-t-il pas que par pur contentement on manifeste de la reconnaissance sans espérer que quelqu'un nous écoute ? Ainsi, pareil au monde occupé en permanence à naître, le dieu en nous.

Faible, pas trop sûr de son être, assez vulnérable et démuni, un rien le chasse de l'esprit, et seule notre révolte au moment de l'affliction lui accorde une vie précaire, fantomatique. Si bien des fois il s'était insinué en moi sans y trouver demeure, ombre d'une ombre que le réveil dissout, devant le nom de ma mère dans le carré de bronze, il regagna à jamais son ciel et son inexistence.

Était-il vieux, ce jour des au revoir, lorsque je quittai le pays, jadis, certain que ce serait pour toujours, ne l'avouant pas. Pour la première fois, devant l'un de ses enfants, elle avait éclaté en sanglots. J'étais revenu sur mes pas et, aussi pour la première fois, je l'avais serrée contre moi.

Le couloir des morts, comme un hurlement avalé.

Le placage du carré de bronze était-il défectueux ? A première vue, on aurait dit que, sans se soulever, le coin du bas, à droite, n'adhérait pas vraiment, que, quoique infime, une rainure l'entourait. Je le fis voir à Armando et il saisit à l'angle la bordure en relief, presque avec brusquerie, pour prouver la résistance de la soudure, et il conclut qu'il n'y voyait rien d'anormal. Pourtant, il m'avait semblé percevoir que, sans céder, la plaque avait bougé. En tout cas, la brève inspection de mon frère, à son avis satisfaisante, me rassura si peu que je me crus obligé de constater, à mon tour, l'état réel du panneau dormant qui séparait deux mondes : profitant du fait qu'Armando cherchait de l'eau pour les fleurs, je tirai sur un coin du bronze, mais, de crainte sans doute qu'il ne se détachât, très vite je lâchai prise.

Le père, lui, était là, bien que caché, présent. Je pouvais me le représenter étendu, un bras le long du corps, l'autre plié, droit, sur l'estomac. Je revoyais le vieillard, de sentencieux et athée qu'il était, en proie au doute, dans cette espèce de loggia sur laquelle ouvrent le séjour et la cuisine dans les maisons modestes de là-bas, quand on dispose d'un patio ou d'un bout de jardin. Entre la sieste et le dîner, il y passait une bonne partie de l'après-midi, en tout cas, lorsque je lui avais tenu compagnie, pendant quelques jours, vingt-six ans auparavant. Il me racontait des histoires de la campagne, de son frère Dionisio, qui était mort si jeune, des anecdotes combien de fois reprises, altérées par la répétition, parachevées au fil du temps par le conteur – comme je le fais en écrivain, comme on raconte à l'un, puis à l'autre un fait, une scène, dans la conversation.

Nous étions assis côte à côte comme des voyageurs et son regard fixait la ceinture du ciel encombrée de bicoques et de buissons épineux : c'était l'habitude de toute une vie d'interroger l'horizon et l'auréole du soleil et de la lune, pour prévoir le temps qu'il ferait le lendemain.

Oui, mes frères et sœurs avaient beaucoup hérité de la mère ; peu, somme toute, du père. Lui, c'était en moi qu'il continuait de vivre, pas seulement cette vie mémorieuse que leurs proches accordent aux morts, mais en y poursuivant ses sempiternelles disputes, purement intérieures, au cours desquelles l'exaspération initiale se changeait en fureur, celle-ci en violence, et voilà qu'il dénouait ses gestes tremblants de rage. Un problème à résoudre l'interrompait-il, il s'en acquittait vite et l'altercation imaginaire reprenait comme une pièce après l'entracte.

La colère avait été l'un de ses attributs. Il m'en avait transmis le goût et, aussi, la matière informe de ses rêves : je suis tellement l'homme contre lequel je me suis fait.

Je distribuai les roses : sept pour ma mère, cinq pour le père. Je ne sais pas si Armando se rendit compte de mon entorse à l'équité.

Nos pas nous suivaient dans la galerie.

« ... Ce murmure sourd, ce soupir, les morts. »

Ma mère, je n'avais pas fini de la perdre.

16

Si l'étranger auquel il me plaît de faire appel pour disposer d'un regard vierge sur le passé – si ce voyageur en provenance des villes, doué de quelque instruction et avec l'habitude, même distraite, du cinéma, se risquait dans la plaine du blé, après avoir constaté qu'il n'y a rien à voir si ce n'est, de loin en loin, une maison basse, quelques arbres et des greniers aplatis par la distance – si ce voyageur attentif apercevait notre maison d'enfance telle que je la verrais se découper désormais dans les lointains, et grandir avec arrogance dans l'immensité des terres, il se souviendrait sans doute de ces demeures géorgiennes parfois en exil dans le Texas, en dépit de l'absence de porche à colonnes et à fronton grec dont la blancheur tranche sur la brique rouge des murs.

Orlando, qui avait réussi à se substituer à Armando, pour une fois, dans l'organisation de mon séjour, tenait à ce que je revoie les lieux où nous avions grandi. Comment lui faire entendre sans qu'il fût peiné, que je n'en éprouvais pas la moindre envie, que mes retours en arrière n'ont pas partie liée avec la réalité, mais avec la fable ?

J'avais dissimulé mes réticences et accepté sa proposition, le soupçonnant d'accorder à ce retour aux sources une importance à peine inférieure à la visite aux tombes de la mère et du père, dans l'histoire de mes liens avec la famille, si longtemps et non sans motif mis en doute. N'en ayant pas fondé lui-même, il aspirait, sinon à ramener au bercail, à faire entrer dans une cohérence satisfaisante celui que l'errance avait éloigné par des chemins de contrebandiers, et qui, bien que de passage, était néanmoins revenu.

A en juger par les informations récentes et peut-être véridiques qu'il s'était procurées, je ne perdrais pas mon temps, disait mon frère, que je soupçonnais de vouloir contribuer à ma littérature. Selon lui, j'étais trop petit pour me rappeler les jumeaux Chirieleison. Leur père nous avait succédé dans la ferme, et, après sa mort, dont on n'avait pas démêlé les circonstances – comme pour sa femme sept ou huit ans auparavant –, les jumeaux, à peine adultes, en étaient devenus les propriétaires.

Il ne s'expliquait pas, mon frère, ni personne, que l'on eût rasé tous les arbres d'une ferme qui était la seule dans la région à en posséder par centaines, et effacé le jardin qui, dans sa rusticité, se souvenait des lois de la géométrie.

« Les acacias, les frênes, les eucalyptus, les tamaris, les peupliers, les paradis, et aussi les rosiers, les iris " aile-de-mouche "... » Et, en guise de conclusion et de reconnaissance à mon égard, mais sur un ton de plaisanterie, il ajouta, en appuyant sur l'accélérateur : « Maintenant ils n'existent que dans tes livres » – renonçant ainsi à rappeler les erreurs qu'il avait trouvées et détaillées, jadis, dans une lettre.

Nous avions laissé derrière nous Las Junturas, le village le plus proche, distant de la ferme d'une soixantaine de kilomètres, où Elvira avait passé quelques années. Las Junturas : Les Jonctions – ainsi appelé parce que, à une époque que personne n'avait jamais su préciser, deux rivières y mêlaient leurs eaux. Déjà dans mon enfance, il n'en restait d'autre trace qu'une pente ravinée de terre jaune, sans mélange de sable, mais le besoin de se forger un passé, fût-il symbolisé par des rivières qui s'étaient liées d'amitié, puis résorbées dans le terrain, poussait les habitants à entretenir la légende et à faire de cette balafre du sol le lit d'un fleuve disparu.

Des deux côtés de la route, de vastes champs de blé encore verts, et d'un vert austère, sans nuances, mais déjà en épi, pleins d'épis bien droits, replets. Et je sentis mes doigts en train de tâter jadis celui que le père m'avait donné afin que j'apprenne à en déduire la qualité de la récolte. C'était, comme ce jour du retour avec Orlando, une après-midi d'août. Le père m'avait emmené une fois terminée la leçon de catéchisme, que ma mère me faisait apprendre par cœur depuis quelques mois, en vue de ma première communion. Je revoyais le père qui mordillait un épi et avait prononcé, dialoguant avec le vent, les mots autour desquels allaient tourner ma vie et ma littérature : « Il n'y a ni Dieu ni Diable, tout finit dans l'enclos des croix. » J'avais sept ans, et c'est la seule fois où il m'a pris par la main.

Par moments, une rafale enveloppait la voiture dans la poussière qu'elle soulevait depuis qu'Orlando, quittant la route, avait emprunté sans hésitation, en familier du trajet, un étroit chemin bordé de chiendent. Bientôt, à je ne sais quel signe d'avoir à craindre mes réactions, je sus que nous approchions de notre ferme, et j'éprouvai un double sentiment : l'angoisse du petit garçon qui rêvait d'une porte à enfoncer, dans l'horizon, pour entrer dans le vrai monde ; et la joie souveraine d'avoir échappé à la malédiction de l'étendue. Je hais la terre, jusqu'à son crissement sous les semelles.

Soudain, des clôtures interminables me surprirent, tirées au cordeau, qui ne ressemblaient en rien à celles que j'avais vues tout le long du voyage, faites de minces poutrelles ou bien de troncs d'arbrisseaux, voire de branches toujours un peu tordues, que quelquefois reliaient, à la manière d'un pentagramme, cinq fils de fer tantôt lisses sur lesquels se posaient des oiseaux, tantôt barbelés auxquels les moutons laissaient des bouts de laine.

Ici, les pieux étaient des sortes de tuyaux, sinon d'aluminium, de sa couleur, surmontés d'un pommeau à facettes, et ils soutenaient un solide tissu de fil de fer entrecroisé en damier. Elles n'étaient pas dans les habitudes des domaines agricoles, ces clôtures qui devaient mieux convenir au potager de maisons cossues – n'en avais-je pas vu de similaires dans certaines résidences secondaires ?

Je n'ai compris que nous longions les terres jadis labourées par mes frères que lorsque j'aperçus la maison qui, entre ciel et terre, sortait du sol, et peu à peu montait, grandissait, s'immobilisait, se profilant avec majesté contre l'espace vide, solitaire, l'espace tout à l'entour dégagé.

Orlando ralentit, intimidé peut-être, peut-être pour que je mesure l'importance du changement. Il m'observait du coin de l'œil, il guettait ma réaction, les lèvres entrouvertes, étirées, peut-être sur le point d'entamer une anecdote, mais rien ne vint et son expression resta figée, oublieuse. Il était déjà revenu sur ces lieux, c'était évident ; et les informations « récentes et peut-être véridiques » sur les jumeaux Chirieleison relevaient de son expérience, ou on les lui avait fournies avant qu'il les eût bel et bien rencontrés : il s'était abstenu de m'en faire le récit, ce qui avait dû lui coûter un gros effort, pour ne pas affaiblir ma surprise.

Avait-il deviné ma pensée ? mon frère dit : « Oui, ils sont très étranges, tu verras, ça vaut la peine de les connaître. Ils sont très riches. »

Nous arrivions. Il arrêta la voiture devant la loggia qui jadis donnait sur le jardin et où l'on recevait les visites, ce qui prouvait qu'Orlando connaissait les usages des propriétaires, tout en ayant conservé intact dans sa mémoire l'emplacement des dépendances disparues, qui avaient été improvisées à partir d'une ruine, avec les restes d'une vieille porte, des plaques de laiton, des morceaux de contreplaqué grossièrement assemblés et, dès l'origine, croulantes : Orlando les avait contournées avec la voiture, alors que, parties avec les arbres, le jardin, le moulin à vent transporté loin dans la campagne, il n'en restait même pas la marque du lieu qu'elles avaient occupé.

Préservé, le réservoir d'eau pour le bétail, qui nous permettait de croire que nous nagions dans une piscine, construction massive de brique, bétonnée à l'intérieur, carrée et de la même taille que la loggia face à laquelle elle avait été placée, à une cinquantaine de mètres. Préservé, également, le poulailler qui répétait le plan de la maison – deux grands rectangles unis, au centre, par un troisième, notre salle à manger –, à la même distance, à vue d'œil, que le réservoir, mais devant la loggia symétrique de la façade opposée, dont on avait démoli l'ajout maladroit, construit par le père, d'une cuisine et d'un garde-manger, sur un côté.

Aussi la maison, en mauvais état autrefois, que je pensais trouver en ruine, la brique arrondie par l'érosion du vent, surtout dans les angles, et tout entourée de constructions disparates, avait retrouvé le plan primitif, le projet de ce premier propriétaire qui, victime d'une utopie, avait rêvé de concurrencer, dans des terres agricoles, les orgueilleuses *estancias* du Sud.

Orlando klaxonna. Il y eut un aboiement tardif, étouffé, sans suite. Nous sommes descendus. La porte donnant sur la loggia était ouverte. « Là-bas, dit mon frère, était le platane que tu n'arrivais pas à embrasser. »

Nul vestige nulle part d'arbres, pas de troncs sciés à ras – comme s'ils s'en étaient arrachés eux-mêmes pour s'enfuir.

Orlando frappa dans ses mains, très fort. La loggia répercuta un son concave. Soudain, il s'avança d'un pas décidé, il se sentait des droits sur ces lieux, mais s'arrêta net sur le seuil de la porte. Notre salle à manger était devenue un salon ; dans la pénombre, des chaises à haut dossier tarabiscoté et deux gros fauteuils de cuir à capitons, face à un poste de télévision. Entre les deux, une table basse. Le sol était le même et ainsi que la maison, les hangars, le réservoir d'eau, de brique : les carreaux plantés, ici, comme dans le jardin, sur la tranche, dessinant des grecques, mais à présent presque luisants – entretenus à l'huile de lin, selon mon frère. La porte en vis-à-vis y projetait un trapèze de lumière qui irait en s'allongeant, en s'effilant jusqu'à disparaître, éphémère et pourtant pérenne et ineffaçable en moi : le père et la mère se tenaient debout courroucés au bord de cette flaque de soleil, et moi sur l'autre rive : de retour de la ville où, pour la première fois, j'avais suivi, toute une année, des cours dans une vraie école, je leur avais annoncé que j'entrais au séminaire. Tel un fou qui lance une flèche sur un vol de papillons – mais j'étais la flèche.

Nous étions restés dans l'embrasure de la porte, Orlando et moi, et je ne savais plus si je visitais la maison d'enfance, ou si je revisitais certaines pages d'un livre où je m'en étais souvenu.

Encore une fois, mon frère frappa dans ses mains, plutôt par crainte de se trouver face à face avec quelqu'un que par respect des bienséances, car n'attendant pas qu'on lui réponde, il traversait la pièce. Je lui emboîtai le pas et n'eus pas le temps de regarder le carrelage hétéroclite de la loggia correspondant à la façade opposée, puzzle de carreaux ordinaires et d'autres qui se voulaient des mosaïques anciennes, sur lesquels je m'étais inventé tant de jeux et raconté tant d'histoires : assis par terre, le dos appuyé au muret qui fermait le patio, un chien roux au pelage misérable contre sa cuisse, le vieil homme que, d'évidence, nous avions réveillé, rejeta les sourcils en arrière et à l'instant il les fronçait comme on se concentre.

17

Il nous fixa de ses yeux tapis dans les bourrelets grenus des paupières et, pliant ses jambes avec lenteur, il commença par s'accroupir, puis, une main sur le muret, l'autre sur la hanche pour éviter qu'elle ne se disloque, peu à peu il se redressa, cherchant à sauver sa fierté par le port de tête. Le cheveu abondant, ondulé, blanc et presque lumineux, que partageait une raie médiane, touchait ses épaules et rendait vénérable l'aspect terreux de toute sa personne, y compris les vêtements pareils à ceux des péons d'autrefois : pantalon bouffant retenu à la taille par une bande de laine noire, chemise sans col et foulard plié en biais et enroulé, serré autour du cou, double nœud et les pointes libres sur la poitrine.

Le chien l'avait imité et réussi à se mettre sur ses pattes ; il regardait son maître, prêt à obéir à ses ordres, mais quand il entendit sa voix, qui avait un ton d'accueil, avec les précautions qu'il avait prises pour se lever, il se recoucha.

Orlando ne mit pas longtemps à reconnaître le vieil homme : « Mais, don Vidal, quelle surprise, quel plaisir ! » Don Vidal était l'allégorie de la vieillesse. « Qui aurait dit que nous nous retrouverions un jour... » Ses yeux, qu'il me semblait avoir déjà vus, s'enfonçaient dans les replis de la peau. « Tu étais petit, regarde-le bien, c'est le dernier créole de vieille souche dans cette région... » Je les avais déjà vus, ces yeux, j'en étais sûr. « Ne vous souvenez-vous pas, don Vidal, de don Serafín ? » Il avait l'air perplexe, don Vidal, et gêné. Orlando insistait pour se faire reconnaître à son tour, lui rappelant des situations, des dates, les autres péons de la ferme, prodiguant les détails, les anecdotes.

Un sourire erra sur le visage du vieil homme, un sourire de politesse. Et nous faisant signe d'approcher des chaises, l'air de s'en excuser, il s'assit sur le muret. Il nous regarda un long moment. Sa respiration devint sibilante, ses lèvres remuèrent comme s'il retournait des mots dans la bouche ; les plis des joues, telles des entailles parallèles qui des pommettes descendaient au menton, glissèrent l'un sur l'autre n'y trouvant pas leur place, et je reconnus ses yeux : ils étaient ceux de l'iguane qui, dans le fouillis de hautes herbes et de ronces du petit bois où je m'étais risqué, m'avait cloué sur place, paralysé : minuscules, ses yeux flambaient.

Orlando qui n'aime rien tant qu'empiéter sur l'interlocuteur, se résigna à garder le silence. Et nous avons écouté le récit de l'Iguane.

Il disait qu'il avait beaucoup oublié, qu'il ne connaissait plus le nombre de ses années. Il fallait l'excuser s'il ne se souvenait plus de nous. Il se rappelait don Serafín, qui lui avait tant appris, et doña Teresa, pour sa bonté ; il lui semblait qu'il y avait des jeunes gens, des garçons et des filles autour d'eux, mais les visages s'étaient effacés.

Il disait qu'il était né dans la propriété et que don Serafín l'avait gardé, lui, à l'époque, simple bouvier, quand il avait pris les rênes de la ferme. Il lui avait enseigné à manier la charrue, tirée par des bœufs, ensuite par des percherons, plus tard par un tracteur.

Il disait sa fierté d'avoir passé sa vie à labourer la terre, à retourner, précisa-t-il, la terre de cette campagne si généreuse : « Les labours, les semailles, la moisson... », dit-il, pensif, puis non sans emphase : « J'ai semé et j'ai moissonné, et les jours se sont ajoutés aux jours. »

Sa mémoire, disait-il, s'était envolée avec les dernières hirondelles, jadis, dans le passé ; elles n'étaient pas revenues depuis l'arrachage des arbres : « Ah ! la mémoire... ce qu'il en reste barbote dans une mare, celle aux canards d'autrefois, là-bas, près du réservoir. »

Il ne se souvenait que de Nilda. Ils avaient grandi, ils avaient été jeunes ensemble. C'était la femme de don Bruno Chirieleison, la mère des jumeaux, ses patrons depuis leur enfance. Nilda, il se souvenait d'elle très jeune fille... jusqu'à la pendaison.

Orlando réagit en sursaut demandant sur un ton autoritaire un complément d'information, comme s'il lui était dû. Don Vidal lui répondit que personne ne saurait jamais si elle s'était pendue ou si elle avait été pendue.

Il disait qu'il avait oublié presque tout, sauf le travail et Nilda, mais qu'il gardait présent à l'esprit, surtout la nuit, l'homme mort dans la cave, dans la cave aux rats. Il rêvait encore de lui. Des gémissements atterrés remplissaient son sommeil, parfois des pleurs d'enfants ou des hurlements étouffés. Aussi, la fantaisie avait-elle ravaudé l'histoire du mort, don Leoluca Chirieleison, le père de Bruno. Il lui arrivait de sentir, pendant ces cérémonies du cerveau, dit-il avec sarcasme, la puanteur qui filtrait par la trappe de la cave.

La cave ? La cave, notre cave, celle du vin, du temps où les colons bénéficiaient du droit de produire leur vin. La cave à la trappe si lourde, doublée d'une chape de fer, avec ses deux gros anneaux auxquels on attachait des cordes, et que seuls des hommes très forts réussissaient à soulever.

L'Iguane leva la tête. Sa voix n'avait cessé de grossir : d'éteinte et paresseuse, elle était devenue presque déclamatoire, et l'on pouvait songer au chanteur des rues rameutant jadis son auditoire à l'entrée du village, et même au *payador* des tragédies champêtres lorsque, un instant, ses mains dessinèrent une guitare, la main gauche saisissant le manche, la main droite égrenant un accord impalpable.

L'Iguane s'était tu. Il attendait le moment favorable à la reprise de son récit. Il écoutait : des pas sourds, d'espadrilles ; la chaise traînée par la jeune femme qui serrait son bébé sur la poitrine ; les chuchotements derrière leurs mains de deux vieilles servantes – avec des tabliers à bavette, la tête enveloppée d'un fichu à fleurs déteint, une pomme de terre et un éplucheur à la main.

Il écoutait l'intensité du silence de la petite fille aux yeux noirs qui se tenait un peu à côté du groupe, face à l'Iguane, mais sans le regarder, à l'instar de ces personnages de la peinture qui ont des complices en dehors du cadre. Quand elle fixa enfin son attention sur lui, l'Iguane se décida à parler : « Nilda était la fille unique d'un couple de créoles, comme mon père et ma mère, de vieille souche... Merci bien, monsieur, de m'avoir rappelé cette jolie expression », dit-il à l'adresse d'Orlando, la paupière en berne, un sourire malicieux effleurant ses lèvres qui remontèrent d'un côté vers la tempe, y entraînant en accordéon les plis de la joue : « De vieille souche... Il leur restait, à tout casser, un hectare et demi, une frange de terre entre deux propriétés de la taille de celle-ci. Ils se contentaient de posséder un potager dans la pampa, quelques mètres carrés où tomber morts. Mes parents, eux, n'avaient même pas une cahute pour se reposer en disant : " Nous sommes chez nous. " Je suis resté fidèle à la tradition, enfin... Mon grand-père a encore fait partie de la troupe d'un cacique dont il ne savait ni le nom ni l'intention. Don Serafín, ainsi que tous les colons, méprisait le créole, accroché à une misère orgueilleuse, qui n'avait pas su cultiver ces immensités, ces terres qui attendaient la charrue depuis le Déluge. Mais, comme ses pays, il traitait avec considération le péon qui lui fournissait de la main-d'œuvre... du matin au soir. Ici, dans cette ferme, on ne gagnait rien avant don Serafín et, avec lui, très peu, mais j'ai toujours mangé à la table de la famille, vous étiez peut-être à cette table, excusez-moi de ne pas vous reconnaître. Mes parents m'avaient laissé le couteau et la guitare du grand-père gaucho, et quelques dettes. Il me fallait un cheval, à vrai dire, ce cheval de don Serafín, que j'avais vu naître et avec lequel on pouvait converser. " Niño ", il s'appelait. Il m'a coûté des années de sacrifice, mais nous avions besoin l'un de l'autre. Qu'en pensez-vous ? Je crois que c'est plus sûr que l'affection. Le dimanche après-midi, je montais le Niño et allais voir Nilda et ses parents. Ils habitaient une bicoque de torchis, le sol en terre battue, le toit de chaume. Quand je la voyais, Nilda, le cœur me chatouillait de la tête aux pieds et la voix me tremblait. Nous prenions le maté en famille, interminablement, sous un arbre de paradis. Il y en avait deux, nous nous déplacions de l'un à l'autre avec le soleil ; l'ombre de l'arbre de paradis est légère. Ses parents m'avaient choyé après la mort des miens, je croyais qu'il n'était pas nécessaire de leur demander la main de Nilda, que notre mariage allait de soi. Nous étions les seuls créoles de la région ! Mais ils avaient, je ne sais pas comment, donné de l'instruction à leur fille, elle savait lire et compter, elle prenait des poses et avait des mots de plus en plus jolis, si jolis qu'un jour que l'émotion me gagnait, je lui ai répondu en pinçant très doucement les cordes de la guitare. Je n'ai plus fréquenté personne pour éviter de dépenser le moindre sou. Et... écoutez-moi bien : un dimanche... j'avais appris par cœur les paroles d'une petite valse créole qui valait toutes les déclarations d'amour et qui, chantée, avait plus de pudeur, non ? Eh bien, le cercle du maté était formé et, assis auprès de Nilda, qui avait les lèvres peintes, comme une blessure, et des yeux intimidés, était don Bruno Chirieleison, l'aîné de cette famille de Siciliens que, sans exception, les Piémontais avaient voués à l'isolement. Ils avaient la majorité absolue dans la contrée, les Piémontais ; ils disaient que les Chirieleison faisaient partie de la « Main noire », une bande de mafieux qui extorquait aux colons une sorte de dîme, quand la récolte valait la peine. Son fils,

Bruno, avait déjà, à vingt ans, des yeux flétris, sans regard, obtus, sous l'auvent d'un front buté ; le menton, froncé en permanence ; des lèvres épaisses tirées vers le bas par les commissures ; et de l'ensemble émanaient en même temps une amertume qui aurait éveillé votre pitié, et une méchanceté qui vous mettait en alerte. Leur façon embarrassée de répondre à mon salut ne m'encouragea pas à descendre de mon cheval. Personne ne se mit debout, je n'en demandais pas tant ! Je crus sentir que Nilda souffrait, et je fis demi-tour, au pas, puis Niño prit son petit trot régulier, perlé et des plus légers, jusqu'à se détacher presque du sol, dans un galop ample et qui me donnait toujours des ailes. »

18

Sans perdre un mot de la relation de don Vidal, ni, je crois, le sens de ses inflexions et des pauses calculées, je n'avais pas quitté du regard la jeune femme assise en face de moi dans le cercle que nous formions autour du conteur. Elle avait déboutonné son corsage et sorti, en remplissant sa main, un sein bien ferme. Elle en avait pressé le mamelon entre le pouce et l'index, faisant glisser ceux-ci pour s'assurer de sa propreté. Et sans qu'elle eût besoin de l'en approcher, le nourrisson avait saisi de ses menottes aveugles, mais avides, le sein, et s'était mis à le sucer avec une si grande énergie, que sa mère avait tressailli, ses lèvres découvrant la blancheur insolente de ses dents, dans un sourire qui était un défi à l'assistance et au monde entier : l'enfant goulu – cette petite machine à pleurs, à hoquets, à désirs – et la mère ne faisaient qu'un.

Elle avait suivi avec de rares intermittences le récit de l'Iguane, puis, peu à peu, elle s'était détachée de la scène, le regard, d'une fixité extrême ; emmurée dans son silence, et de l'impassibilité des statues, en proie aux délices inavouables que lui procurait son bambin, pareilles peut-être à la jouissance qui l'avait engendré : des spasmes, des halètements l'auraient secouée, menée au bord du cri si elle n'avait eu des témoins. Et lorsque l'enfant abandonna le sein, l'intensité de son visage se relâcha et la lumière de sa peau s'éteignit, comme l'herbe ensoleillée sous l'ombre rapide d'un nuage.

De nouveau parmi nous, elle écoutait l'Iguane : « Quelques semaines, pas plus de trois ou quatre, s'étaient écoulées quand j'appris que le mariage avait eu lieu. Sans fête, sans invités : ni les parents les plus proches des Chirieleison, les seuls qu'on leur connaissait et qui habitaient Villa del Rosario, ni les parents de Nilda n'avaient assisté à l'événement, célébré à huis clos, à Las Junturas : ceux-là sans doute parce que l'union d'un colon avec une créole était signe d'abaissement, ceux-ci parce que, tout simplement, ils n'avaient pas été avertis. C'est le père, don Leoluca, qui un matin emporta Nilda dans son break, carcasse couverte d'une capote de toile cirée toute déchirée. Le marché était conclu : don Leoluca convoitait depuis longtemps le petit champ de ces derniers créoles de la zone, mitoyen de sa propriété, et les parents de Nilda avaient accepté le troc qu'il leur proposait, mais non sans y ajouter une condition de taille : en plus d'une maison avec potager à Las Junturas, et de la poignée de pesos pour voir venir, il fallait que son fils aîné, Bruno, épousât leur fille.

« Ils s'étaient donné un but dans la vie : sortir Nilda de la misère, et ils avaient tenu bon jusqu'à ce que l'adolescente devînt une demoiselle. C'était à prendre ou à laisser. Pauvres gens de bonne foi ! Ils avaient loué un sulky et on les vit parcourir la campagne pour annoncer les noces de Nilda et de Bruno à des gens chez lesquels ils avaient été, soit péon, soit lavandière. C'est ainsi, mesdames et messieurs, que la vie s'en va, et que naissent les contes. »

19

Le débit de l'Iguane s'était ralenti et, comme le moteur qui tressaute et s'arrête, il essayait de repartir, mais, d'un coup, il cessa. L'Iguane ferma les yeux et, de l'index dessinant de petits cercles, il parut chercher loin derrière lui la suite de son histoire ; n'y parvenant pas, il rentra ses lèvres, absorbées à jamais par la vieillesse.

Les servantes, toujours la pomme de terre et l'épluchoir à la main, échangèrent des propos à mi-voix. La petite fille, qui jusqu'alors n'avait pas du tout bougé, tourna la tête et passa en revue l'assistance, comme à l'église lorsque le bruit des retardataires dans les bancs et les entrechoquements et murmures qui s'ensuivent troublent la cérémonie, et que quelqu'un jette un coup d'œil à la cantonade pour rappeler les fidèles ne fût-ce qu'à une apparence de dévotion. Bientôt, cependant, on put déduire de la grimace satisfaite qui changea l'expression de l'Iguane, que le récit égaré dans son cerveau, ramené par les mots, regagnait ses lèvres. On rectifia la position des chaises, on croisa ou on décroisa les jambes, et l'entracte prit fin : l'Iguane parlait.

« C'est étrange, j'ai l'impression d'avoir abandonné en pleine souffrance ce garçon que j'ai été, son cœur s'est desséché, je l'ai perdu de vue, surtout son chagrin : je ne ressens plus rien. Où s'en va-t-elle, la douleur ? Elle s'en va. Et elle laisse le souvenir tout nu. J'ai le sentiment que la vie m'a volé ma peine. La vie ? Le temps la pousse vers l'oubli. Le temps a deux vitesses : si je regarde en arrière, le chemin est interminable, on n'arrive jamais au commencement ; mais si je pense au lendemain, les jours passent sur ma tête, un vol de moineaux. C'est ainsi. Nilda est morte, et elle, je l'imagine toujours, elle et sa douleur, parce que quand elle était de ce monde, j'avais déjà pris l'habitude de l'imaginer. Depuis ce dimanche que je vous ai raconté, je suis resté toute une journée auprès d'elle, j'ai pu lui être utile, la vie m'a fait ce cadeau. C'était avant le lever du soleil, à l'heure où le ciel commence à s'éclaircir. Je remarque une silhouette sur le chemin qui sépare cette propriété de celle qu'à l'époque cultivaient les Chirieleison, le chemin de Las Junturas. Je dis " silhouette ", car quelqu'un m'avait informé de l'état de Nilda, qui était enceinte ; de profil, telle que je l'apercevais, sa grossesse sautait aux yeux. Avant, bien avant, je l'avais non pas vue, mais devinée : je ratissais, le long du chemin, la parcelle destinée au seigle, les semailles approchaient. J'avais reconnu de loin le chariot peinturluré des Chirieleison, et je restai en bordure du terrain, passant et repassant le râteau ; nous nous sommes presque frôlés, mais comme si de rien... comme si mes percherons et moi nous étions transparents. Nilda semblait se rétrécir, vouloir disparaître, de même que ce dimanche-là quand j'arrivai sans soupçonner qu'un autre prétendant se trouvait à ma place, pareille au chat qui après le larcin fuit, tout aplati, pour se dissimuler. Un foulard noir attaché sous le menton lui cachait le front jusqu'aux sourcils, on aurait dit l'image de cette sainte que votre mère vénérait, c'était sa patronne, mais elle l'appelait " la petite ", " la petite Teresa ". Ce jour-là, sans me rendre compte, je pleurai. Quelle étrange célébration, les larmes, quand on y pense !

« Quant à la journée que j'ai passée avec elle... Je ne sais pas combien de temps plus tard, pas trop... J'étais à cheval, j'avais conduit le gros du bétail paître dans un enclos au fond des terres, et je m'en retournais quand j'aperçus la femme sur le chemin et à l'instant je pensai à Nilda. Que faisait-elle de si bon matin sur le chemin de Las Junturas ? Elle marchait vite, ses cheveux tombaient en désordre sur ses épaules, sur son visage ; elle marchait vite, mais avec difficulté, il y avait du désespoir dans sa façon ; je suis allé vers elle, appelant à voix basse pour qu'elle n'ait pas peur, pour qu'elle comprenne que c'était une voix complice. Elle marchait comme précédée par son ventre, les jambes écartées, et en entendant mon appel, elle s'est arrêtée sans tourner la tête, et elle a attendu ; elle avait les yeux fermés, elle craignait le pire. Nilda était défigurée, une pommette entre le jaune et le violet, un œil caché sous l'enflure des paupières, l'autre exorbité d'épouvante, et de la tempe à la mâchoire, lui traversant le visage, la trace rouge du fouet lui fermait la bouche. Elle avait les mains sur son ventre, rond comme le globe terrestre que don Serafín avait sur son bureau, et qui était son orgueil. Les mains de Nilda étaient marquées par des coups de lanière, de même que ce que la jupe laissait voir des mollets. Ces empreintes, il y en avait de tous les jours, Dieu seul savait depuis quand !

de très pâles, de croûteuses. Enfin, elle me regarda dans les yeux : “ Il faut le sauver, il me l’a fouetté, dit-elle, appuyant ses mains sur le ventre. Dieu merci, il bouge plus que jamais, il veut sortir. ” Et elle eut un sourire estropié. Je ne savais pas qui, à la ronde, aurait accepté de l’accueillir, crainte que le reste de la colonie n’y voie un manquement à l’accord tacite d’ignorer les Chirieleison, don Serafín y compris. Mais on ne pouvait pas laisser Nilda dans un fossé du chemin. Pour l’emmener à Las Junturas, chez ses parents – j’aurais bien aimé qu’ils constatent le résultat de leur troc... –, il me fallait le sulky, don Serafín m’en prêterait un, mais le mieux serait encore de le prendre sans rien dire, je me sentais le courage du voleur, j’en avais l’audace, et aussi la peur. Nous sommes arrivés à travers champs, par le poulailler, avec le soleil, à l’heure où les oiseaux se taisent et s’envolent dans le jour à la recherche de la nourriture que l’Évangile leur dispense. Dans la grande cour, il y avait des entrepôts de toute taille et couleur.

— Oui, de la grange à la sellerie, il y en avait sept, sans compter les appentis, s’exclama Orlando, n’ayant pu s’empêcher de collaborer avec l’Iguane.

— J’avais hésité entre l’étable... j’avais déjà sorti le bétail et personne n’y venait dans la journée... et la grange où on avait entassé de la paille entre deux remparts de sacs pleins de blé, la paille choisie et nettoyée avant de mettre le feu aux champs après la moisson. Quelle tristesse, les chaumes noircis !

— Vous oubliez, don Vidal... », dit Orlando, sans attirer l’attention de personne.

Les servantes qui épluchaient ou feignaient d’éplucher des pommes de terre s’étaient levées et firent demi-tour.

La jeune femme à l'enfant endormi dans son giron, la petite fille et moi, nous regardions derrière le conteur, bien au-delà, le sulky qui tournait à la hauteur du réservoir d'eau, conduit par deux hommes, sans doute les frères Chirieleison, les jumeaux : ils tenaient chacun une rêne, qu'ils secouaient en même temps sur la croupe du cheval, quand celui-ci, se croyant arrivé à destination, ralentissait le trot. Il était bai ; sa crinière, longue, et il portait au sommet de la tête un ornement rouge.

Les servantes revenaient. Elles traînaient une table roulante sur laquelle elles déplièrent une nappe damassée. Elles y déposèrent tout un service pour le maté et des gâteaux secs soufflés, saupoudrés de cannelle. Il y avait deux matés sur pied d'argent, chacun avec sa pipette aux bagues finement ciselées, comme on n'en voit plus que dans les vitrines des antiquaires. Les servantes, un moment disparues, apportèrent deux bouilloires. Elles versèrent l'eau bouillante dans le maté, remuèrent la pipette, et du même pas se dirigèrent vers les frères Chirieleison qui étaient restés dans l'embrasure de la porte, au fond de la loggia, l'index sur les lèvres, s'appuyant d'une épaule au chambranle.

20

Une troisième servante, très jeune, fit son apparition portant un troisième maté. Il passa de mon frère à moi, de moi à la femme au bébé, et chaque fois que la servante ajoutait une pincée d'herbe et un rien de sucre au maté, avant d'y verser l'eau bouillante, elle en laissait tomber un filet sur le bout de la pipette, selon une vieille habitude qui relevait de l'hygiène, mais davantage de la politesse.

Sur la pointe des pieds, les frères Chirieleison prirent un petit banc qu'ils transportèrent sur la terrasse, le déposant et s'y asseyant avec les manières précautionneuses des retardataires qui se faufilent dans la salle au cours du spectacle. Ils ébauchèrent un geste à l'endroit de la jeune servante qui s'empressa de nous offrir les gâteaux soufflés. J'en connaissais la recette : pâte faite de farine, d'œufs, de lait, avec du sucre et un soupçon de zeste de citron râpé. Et à on ne saurait dire quel signe échangé avec l'Iguane, ils étaient convenus que la relation devait être poursuivie jusqu'à son terme.

Ils étaient très grands, très minces, d'une beauté irréelle, à plus de soixante-treize ans, selon la précision d'Orlando, on eût dit que leur jeunesse était une substance immatérielle, comme on le dit de l'âme. La peau lisse, tannée du visage, tendue sur l'ossature aux aplats réguliers, ignorait le vieillissement. Ils rappelaient ces Anglo-Saxons frustes qui, triomphant de la rigueur des terres australes du pays, ont fait fortune dans l'élevage d'ovins – mais leur jeans délavé, leurs bottillons pointus, l'éperon fixé au talon, la large ceinture de cuir, la chemise à manches longues et le gilet, sans oublier l'épaisseur souple de leurs cheveux, permettaient de leur supposer un faible pour les héros du Far West, dont ils ne possédaient, cependant, ni la fermeté du pas, ni la raideur d'échine arrogante.

Le poste de télévision dans la grande pièce qui avait été notre salle à manger – où le père avait jadis planté entre deux briques la prise de terre de la première TSF de la région – rendait mon hypothèse plausible.

Il y avait dans leur expression quelque chose d'assoupi, de taciturne, de confiné et, par instants, dans leurs yeux d'un bleu transparent et comme vides, une intimité mutuelle s'animait, ils se touchaient par le regard et un sourire de biais suivait, qui se fanait dans le coin, sans que les lèvres retrouvent aussitôt leur position naturelle. Il était difficile de percevoir à première vue, chez les frères Chirieleison, cette dissemblance plus ou moins apparente que presque toujours reflètent, chez les jumeaux, l'intensité de la voix et une allure plus ou moins décidée.

Une odeur de célibat inviolable émanait d'eux, comme si l'austérité de leurs beaux traits leur avait interdit l'usage de certains sentiments – bien que les mains, qui n'étaient plus celles du paysan ayant fait d'elles au cours des siècles l'organe essentiel de son travail, fussent des mains qui pincent, mais qui caressent ; qui caressent, mais qui saisissent : soudain, très brièvement, leurs mains avaient des gestes qui marquaient la scansion du récit de l'Iguane, dévoilant une sensualité que leur visage ne laissait pas apparaître. Et, désormais, une certaine impatience.

21

« ... et j'ai fermé derrière nous le portail de la grange, tout rapiécé avec des plaques de métal rouillé. Pour refréner l'imagination, j'ai tiré le verrou, même s'il ne devait résister plus de quelques secondes à la poussée la plus amicale ; et, peut-être parce qu'il faisait sombre, Nilda me regarda enfin dans les yeux, je crois avec reconnaissance.

La lumière du jour pénétra, par éclairs, dans tous les sens, par les mille fentes du portail et de la cloison de planches qui séparait la grange de l'étable, laissant filtrer l'odeur âcre et médicinale de la bouse ; la paille, amoncelée jusqu'au plafond, avec la fourche dont je m'étais servi pour la tasser, j'en ai renversé l'amas et préparé un épais matelas entre deux parois de sacs de blé empilés. Nilda mit longtemps à s'y asseoir... Je ne me décidais pas à l'aider, ne l'osais pas. Elle s'inclinait, ployait les genoux, mais son corps ne cédait pas ; alors je lui ai tendu le manche de la fourche, elle l'a agrippé d'une main et, très lentement, avec le plus grand soin, avec tout ce que la mère a toujours de fidèle et de tout prêt, d'attention et de défiance par amour, son corps fit crisser la paille, si blonde, et elle s'y allongea dans un soupir heureux, l'air de se livrer à la miséricorde du ciel.

« Rassurée, à l'aise, libre de toute honte, Nilda s'était abandonnée, laissant ses jambes s'entrouvrir et ses seins gonflés se répandre sur les côtés – mais des tressaillements zébraient son ventre, qui répondaient à la présence de la créature : elle trépignait dans l'obscur et le sourd des entrailles de Nilda, sa créature ; et les mains de Nilda parcouraient cette rondeur qui s'élevait d'elle, devant elle, avec l'espoir d'apaiser l'enfant. Je n'ai pas vu l'ange, mais c'est l'aile de l'ange gardien qui a frôlé mon hébétude. Je mens, l'ange m'a rudoyé, c'est lui qui d'une poussée furieuse m'envoya chercher la Rosaura, la veuve d'un péon qui revenait chaque année pour la moisson. Sans être sage-femme, elle ne manquait pas de pratique. Je la trouvai dans les champs, je me rappelle les épis de maïs, tendres, dans son tablier qu'elle portait retroussé. Elle n'a pas voulu lâcher sa belle cueillette, c'était pour la marmite de midi. De sorte qu'elle trottinait, alors que moi, moi je courais, et j'ai bien fait de courir : les mains de Nilda semblaient retenir les bonds de son ventre. Sa poitrine était un soufflet de forge, elle montait et descendait à faire peur, elle haletait. Rosaura s'est fait attendre, mais quand elle est arrivée, pour un peu je ne l'aurais pas reconnue : elle, si évasive, si fuyante et toujours prête à esquiver l'orage, la voilà docte, disposant le flacon d'eau de Cologne, des ciseaux, des langes qui avaient dû servir à ses enfants et, avec une grande autorité et la lenteur majestueuse du vieux petit curé de Las Junturas devant le brancard de la Vierge dans la procession du 15 Août, Rosaura déploya, sous les jambes que Nilda avait du mal à soulever, un drap de lit brodé, de ceux que les pauvres gardent dans leur trousseau pour le mariage de la fille encore à venir, laquelle, née et un jour mariée, le gardera à son tour. Puis, elle releva la jupe de Nilda, et je vis son ventre de pleine lune barré par deux coups de fouet en croix. Le chaume d'or l'auréolait. Rassérénée, la douleur et la joie réconciliées sur sa figure, elle était au-delà de la pudeur.

« Je suis resté sur place pour aider Rosaura au cas où les choses se compliqueraient. Elle laissa échapper un petit cri d'oiseau : elle allait donner la vie, elle était la première femme dans les commencements du monde, le monde lui-même qui recommençait. L'enfant sortait, il semblait couler de son ventre, j'eus peur qu'il ne soit mort, je n'avais jamais assisté à une naissance, il n'avait pas crié, et quand il se mit à pleurer, l'autre suivit et ce fut une fête de cris. Ils étaient sortis à la lumière sans difficulté, comme pressés d'accomplir une prouesse. Ils étaient délivrés, mais déjà capables de s'indigner de leur chute dans l'abandon, pour toujours loin de la tendresse absolue.

« Deux vies étaient arrachées à la malédiction. Et quand Rosaura approcha les enfants des seins de leur mère, et qu'ils se furent tus, les gloutons, Nilda m'ouvrit les portes du Paradis, où je suis resté : " Que Dieu te bénisse, Vidal ", me dit-elle, avec des larmes de joie. Comme dans un rêve, j'avais entendu un martèlement de sabots ferrés et des grincements d'essieux. Rosaura se bâillonna d'une main, épouvantée : nous avions laissé le portail grand ouvert, le soleil brillait haut, une lumière hurlante baignait la cour où s'arrêtait le chariot de Leoluca Chirieleison. »

22

A mesure que le récit approchait de son point culminant, la naissance, une inquiétude attentive s'était emparée des jumeaux : l'inquiétude de l'auditeur qui attend le passage périlleux d'un aveu, d'un chant, dans la crainte. Sans modifier leur position, ils s'étaient redressés de l'intérieur et se tenaient aux aguets, l'imminence d'un sourire éclairant déjà leur visage.

La scène, d'un lyrisme romanesque sans rapport avec la manière du conteur, leur avait arraché de petits rires de contentement, des gloussements si enjoués que nous tous, autour de l'Iguane, nous étions tournés vers eux qui, jusqu'alors les yeux dans les yeux, pleins d'une intime malice, alertés par l'intérêt qu'ils éveillaient, nous accordèrent un regard qui glissa sur nous telle une main distraite.

Ils se suffisaient, ces deux-là. L'absolu faisait partie de leur nature. Double ou copie l'un de l'autre. L'un pour l'autre, un autre lui-même. Et cependant, deux – mais chacun moitié d'une seule âme. A vivre séparés, ils devaient préférer mourir ensemble, plus fortement que des amoureux ; ils étaient au-delà des risques de l'amour.

Ce vague échange muet prolongeant la pose, ils se mirent debout et nous tendirent la main en signe de bienvenue, mais en silence, le sourcil froncé de qui cherche à identifier les visiteurs, à connaître le motif de leur présence, encore que dépourvus d'une vraie curiosité.

Avec son élan coutumier, Orlando donna l'assaut, en pure perte : les maîtres des lieux s'étaient rassis. Leur voix semblait résonner derrière la tête, en dehors de la réalité, et ils avaient une façon bizarre de frapper l'air de leurs lèvres, qui produisait un chuintement entre la contrariété et la réprobation.

On aurait dit qu'une bulle invisible les enveloppait, qu'un réceptacle les protégeait de tout contact, rayonnant d'une telle énergie qu'une main trop éloquente au cours d'une discussion avec eux risquait de disparaître dans leur champ, abolie, si forte était l'intensité que dégageait leur précieuse solitude.

L'Iguane finit le maté qu'on lui avait offert, en aspirant avec tant d'ardeur que la succion se prolongea pareille à un bruit de viscères. Je refusai d'en prendre un troisième ; je n'avais accepté les précédents que par courtoisie, à moins que ce ne fût pour m'asseoir enfin dans le cercle de famille où, autrefois, sur cette même terrasse, la mère ou les sœurs avaient officié, se servant de la classique petite calebasse vidée, séchée, curée, toute simple, sans les ornements de celles qui circulaient chez les Chirieleison ; seule la pipette était d'argent et ciselée. Les enfants, exclus du rite, n'avaient droit qu'à l'herbe infusée, le « thé des Jésuites ».

On entendait au loin, très loin, une vache qui beuglait et, tout proche, un hennissement tranquille, un appel. Le chien leva la tête, puis, avant de poser son museau sur le genou du conteur, se rendormit. Et à un double et presque imperceptible signe de tête de ses maîtres, l'Iguane reprit leur histoire, d'une voix de poitrine volontairement placée dans le grave.

23

J'eusse aimé qu'à la faveur d'une quelconque circonstance, le récitant eût à faire un détour par la salle de bains dont je voyais, sans avoir à bouger la tête, la porte qui donnait sur la loggia. Elle était fermée et, comme les autres, repeinte avec soin dans la couleur d'origine, entre le brun et l'aubergine, mais luisante. Avait-on conservé la baignoire aux pieds griffus, les robinets de bronze, l'ample lavabo rectangulaire aux angles coupés ? Cette installation faisait partie du rêve d'estancia de l'ancien propriétaire, mais faute d'eau courante, nous ne nous en étions jamais servis. La saleté était une habitude, en dépit de notre goût pour la propreté du linge. Je me souviens d'avoir respiré l'odeur des draps tendus sur une corde qui traversait la prairie en face du lavoir.

Ce luxe d'émail blanc, de bronze, de miroirs sur les murs de ce « vert Nil » cher à l'époque, a dû, ainsi que les romans de la revue féminine que recevaient mes sœurs et les *novelas* de la TSF, forger d'inconcevables images d'un au-delà de l'étendue, et donner forme à la beauté et à la laideur entrevues, dit-on, puis oubliées, lors du passage du ventre à la lumière.

Les jumeaux avaient les mains posées sur les cuisses, qu'ils tapotaient du médius. Tous deux portaient à ce doigt la même bague, une chevalière au chaton carré, avec une pierre noire, mate, plate et méticuleusement burinée. Ils écoutaient avec la concentration figée de ceux qui attendent le dénouement ou le degré le plus dramatique, le plus haut, d'une histoire qu'ils connaissent par cœur, parce que, pareils aux enfants, leur plaisir consistait à renouveler un impossible état de surprise. En outre, ils devaient avoir coutume de contrôler la véracité, tout au moins l'efficacité de la représentation, lorsqu'elle avait lieu devant des étrangers.

« ... Ils étaient donc là, le père et le fils, don Leoluca et don Bruno. Le père, le fouet à la main, planté sur le seuil de la grange, à contre-jour ; le fils, un pas derrière son père. Leurs traits, identiques. Leur expression ? Comme marquée au fer rouge, chez le père ; amère, voilée de cendres chez le fils ; et tous deux butés, des brutes de toute éternité. Les juments qui tiraient le chariot étaient de vraies personnes par comparaison. Je les vois encore, basses de devant, le pelage poussiéreux, les os qui saillaient menaçant de percer leur robe. Mais le croiriez-vous ? bien qu'il ait eu, don Leoluca, un visage creusé par la barbarie, une sorte d'abandon s'y peignit lorsqu'il aperçut les poupons qui tétaient, un sentiment paisible dont il n'avait pas l'habitude luttait contre la grimace pétrifiée qui était la sienne : la lèvre inférieure se décrocha, la main qui serrait le manche du fouet se relâchait, et il ne se rendit pas compte qu'un fil de bave coulait jusqu'à son cou. Ils n'étaient pas chrétiens, ces deux-là, pas faits pour se connaître eux-mêmes... La bouche entrouverte et ce peu de bave qui disparaissait sous le col de la chemise, voilà la réaction du père. Le fils, lui, balançait le torse. La brebis poursuivie par la meute peut corriger le sens de sa fuite, grâce à sa vue; il n'y a que ses yeux qui répondent aux situations urgentes. Comme les bêtes, don Leoluca et don Bruno avaient arrêté leur course en dénichant les bambins cramponnés à la vie. Et ils restaient là, sur le seuil, sans bouger. On pouvait s'attendre à tout. Nilda ne semblait pas avoir peur, elle tenait de ses mains la tête de ses fils contre ses seins. Moi, je calculais mon saut pour prendre la faucille appuyée à la pile de sacs de blé : en cas de bagarre, ils ne mourraient pas de mort naturelle, les Chirieleison! En vérité, ils ne savaient pas quoi faire. Le pire, avec des gens mauvais, c'est quand ils montrent leur fragilité... »

A l'unisson, les jumeaux partirent d'un rire entrecoupé de hoquets et peu sonore, qui devait être prévu : on aurait dit qu'il se produisait au loin, ou jadis, ou qu'on rêvait plus qu'on n'en entendait l'écho.

Les paupières verruqueuses de l'Iguane, qui lui permettaient tout juste d'épier entre leurs plis, se descellèrent, ses yeux prenant par instants leur relief d'yeux, mais au détriment de la bouche qui devenait une entaille. Le rire de ses maîtres, bien qu'intime et convenu, avait sans doute libéré l'Iguane de la crainte de leur déplaire. Aussi, lorsqu'il reprit son conte, sa voix revint comme du fond d'un puits, et d'emblée elle installa la tragédie : sa voix l'enveloppait tout entier, énorme, inhumaine, mélodieuse cependant, et le transfigurait.

La fillette grave qui s'obstinait à rester debout et à l'écart, mais avait fini par fléchir un genou, redressa sa jambe, et la surprise de la voix – soudain plus grande que le conteur – lui mit ses beaux yeux noirs à fleur de tête, mobiles comme dans le péril, tels ceux vitrés des oiseaux. D'être le centre d'un petit cercle d'auditeurs, l'Iguane devint le cœur même de l'étendue, où rien ne retient le regard ni la course du vent.

24

A ce moment se fit une première fissure dans le théâtre de la mémoire, pareille à ces meurtrières qui, au sommet d'une fortification, dénoncent la stratégie du terrain : lorsque, voilà vingt-six ans, j'étais retourné pour quelques jours en Argentine, le père, d'habitude à la recherche d'anecdotes cueillies dans le lointain passé, avait évoqué la scène que l'Iguane était en train de décrire. Si elle m'avait frappé sur le moment, elle avait fini par s'effacer : les tourments de la femme balafrée au fouet, je soupçonnais à présent d'y avoir puisé pour rendre pathétique un personnage, mais, une fois utilisée, elle s'était fondue dans l'oubli.

A mesure que la version de l'Iguane se déroulait, celle de don Serafín revenait par intermittence, et bientôt on pouvait déceler dans leur similitude de ces écarts propres aux conteurs, chacun s'octroyant le rôle de médiateur auprès des Chirieleison. Je trouvais vraisemblable que, de retour de Las Junturas et ayant remarqué le chariot dans la cour et le portail de la grange à blé ouvert, le père eût appelé l'Iguane pour s'enquérir de la présence insolite de ces voisins dont il avait reconnu la voiture aux motifs peints encore discernables – seule survivance, dans la contrée, des habitudes décoratives de cette Italie du Sud que la plaine des Piémontais abhorrait. Il me semblait en accord avec son caractère que le père eût montré de la bienveillance aux Chirieleison, pour mieux les mépriser à l'avenir. Ce plaisir d'orgueil intime, il aimait bien se le procurer.

Mais pourquoi soupeser les ressemblances et les discordances des récits, comme si une voix venue de plus haut que le souvenir m'intimait l'ordre de restituer aujourd'hui, tels quels, les détails d'une histoire conduite par la terreur et par la mort, où les nuances ne sont pas de mise ?

A entendre l'Iguane, ce fut le fils qui brisa la paralysie ambiante, dans un élan brusque, puis saccadé, peut-être retenu par le lasso de l'autorité paternelle. Ce fut Bruno, que l'Iguane appelait « don » Bruno, faisant claquer la langue en prononçant ce « don » qu'il ajoutait par dérision.

Il s'était donc avancé à grands pas heurtés vers Nilda, dressée avec épouvante, tout entourée de la paille qui scintillait dans la flaque de soleil qui du portail s'étirait jusqu'à l'étable de Bethléem. Le regard nébuleux devenu scrutateur, Bruno s'était incliné, sans plier les genoux, ce qui aurait pu paraître un geste de reddition, et soudain il s'était planté les jambes d'un côté et de l'autre de la femme, pour retourner les marmots qui fondirent en pleurs, rivalisant d'énergie et de santé vocale. Il tira sur leurs langes, et une fois qu'il n'eut pas de doute sur leur sexe, il se tourna vers don Leoluca, demeuré sur le seuil et qui se rapprocha, le regard un instant dans les yeux de Nilda – geste qui amènerait l'Iguane à émettre un doute quant à la véritable paternité des jumeaux.

Père et fils respiraient profond, rassasiés : la fortune leur accordait deux mâles d'un coup – demain, de la main-d'œuvre.

A ce moment-là, on avait entendu l'appel autoritaire de don Serafín et Vidal avait quitté la grange, sûr qu'il allait perdre son statut de péon de confiance, et dans la crainte que, profitant de son absence, les Chirieleison ne commettent Dieu seul savait quel forfait. Mais, partageant le soupçon de Vidal, et davantage, devinant que le père et le fils tramaient l'enlèvement de Nilda et de sa progéniture, Rosaura, avec l'autorité dont jouissait une accoucheuse dans ces temps et dans ces campagnes, avait persuadé les Siciliens d'attendre que le jour déclinât pour partir à la fraîche.

Rosaura avait ainsi eu la possibilité de trier les vieux vêtements que ses enfants avaient jadis, l'un après l'autre, portés, et qu'elle gardait pour ses petits-enfants, mais aucune de ses belles-filles n'en voulait, bien qu'à ses propres yeux ses rapiéçages eussent relevé de la broderie. Elle avait préparé un gros ballot.

Le soleil, après s'être épanoui dans un midi lent et royal, s'éloignait, surveillant l'étendue des champs qu'avec lui seuls les oiseaux et les dieux peuvent embrasser.

Les jumeaux s'étaient endormis tout contre le cœur de Nilda, leurs fronts plissés se touchaient, et aussi leurs menottes. Faisaient-ils déjà des cauchemars ? Ils avaient des sursauts, des couinements ; leur mère s'empressait alors de les bercer, et s'ils pleurnichaient, elle les remettait au sein. Quand ils s'en détachaient, Rosaura les lui prenait, obligeant la mère à se nourrir à son tour. Elle n'avait commencé à les nettoyer, avec de l'eau de Cologne, à les talquer, à les envelopper de bandelettes, qu'au retour des Chirieleison : don Serafín les avait invités à prendre un rafraîchissement.

L'Iguane abondait en détails concrets et, certes, véridiques : ils faisaient partie des coutumes d'une époque qui ne m'était pas étrangère, mais il les ajoutait sans doute à ce jour-là, à ce moment où, à l'entendre, Rosaura l'avait laissé bouche bée par sa dextérité à emmailloter des pieds à la tête les bébés qui étouffaient de rage, de désespoir à cause du resserrement qu'elle leur infligeait, leur petit visage ayant fini par bleuir, tandis qu'elle évoquait l'urgence de leur baptême.

Pendant ces préparatifs, avec l'assurance que l'assentiment de ses maîtres lui avait procurée, l'Iguane, affirmait-il, avait tendu des fourches au père et au fils, qui persévéraient dans leur hébétude, et tous les trois avaient entassé de la paille à l'arrière du chariot. Sur la paille, il avait étendu son poncho.

Rosaura et lui avaient aidé Nilda à se relever, mais elle ne tenait pas debout ; alors ils l'avaient transportée, sur une civière imaginaire, sous le regard du père et du fils, qui n'avaient pas bougé.

Un frisson de pitié, et de peur, les avait parcourus, lui et Rosaura, quand le fils eut fait claquer le fouet et que le chariot s'ébranla. Rosaura s'était vidée de ses larmes, songeant moins au baptême des enfants qu'à l'extrême-onction de leur mère.

Il l'avait consolée : tant que Nilda aurait du lait pour nourrir les petits, les Chirieleison ne la tueraient pas.

25

Il s'en était fallu de peu que, faute de soins, Nilda ne mourût épuisée par de prévisibles et tenaces infections, et, avec elle, les bambins que, réduits au lait de vache, elle voyait dépérir de jour en jour, en proie aux vomissements et aux coliques. Il s'en était fallu de peu, mais, bien que d'apparence fragile, sa robustesse de paysanne lui permit de vaincre la fièvre et, tant que don Leoluca vécut, les Chirieleison l'épargnèrent, grâce, selon l'Iguane, à son ingéniosité de cuisinière. Elle avait de ces astuces dans l'assaisonnement que la pauvreté encourage et qui, sans grever le budget, permettaient à Nilda d'améliorer l'ordinaire au point d'avoir réussi à éveiller le palais innocent de ces primitifs.

A l'entendre, il ne semblait pas déraisonnable d'imaginer que l'apprentissage précoce des saveurs eût été le premier des éléments qui avaient formé la sensibilité des jumeaux, les conduisant loin de la rudesse archaïque où ils étaient nés, sans pour cela avoir quitté leur lieu de naissance – et jusqu'à ce qu'ils acquièrent l'inquiétant raffinement dont témoignaient leur allure et la transformation de la ferme en demeure de cinéma.

Ils avaient onze ans lorsque don Leoluca mourut. Au lendemain de son enterrement, à Las Junturas, ils avaient trouvé leur mère, les yeux exorbités dans l'enflure bleue des pommettes, pendue à une branche du poirier, le seul de la ferme et de la région, et qui n'avait jamais donné de fruits comestibles. D'un signe de tête l'Iguane rappela son emplacement dans la cour, mais mon regard l'avait devancé et mes dents et mes lèvres avaient ressenti l'âcre aspérité de la poire qu'un jour j'y avais mordue.

Enfant, après la toute première nuit passée dans cette maison où la famille emménageait, dans la seule compagnie de ma mère, j'avais trouvé, au petit matin, pendu au poirier, le chien des anciens locataires, le ventre hachuré au couteau par les vandales qui avaient envahi le domaine à seule fin de terroriser les occupants sans défense que nous étions, elle et moi.

Parmi les images de ma mère qui grandissent dans ma mémoire, la plus assidue, peut-être, est celle de notre nuit solitaire. Maintenant, tout en écoutant l'Iguane, je me remémorais notre nuit sur les lieux mêmes : j'avais devant moi, à quelques mètres, la chambre à coucher où ma mère et moi nous étions enfermés. Et tout ce qui pendant tant d'années avait été en moi comme un rêve, était là, à la portée du regard, à quelques pas. Mais, curieusement, la réalité du décor retrouvé dissipait la peur, les pas des assaillants frôlant les murs, le courage de ma mère épaulant un fusil et d'une main éteignant la lampe, et j'éprouvais la ruine du souvenir, la dispersion des images que j'avais cru fixer au moyen des mots. En même temps, je croyais comprendre pourquoi, alors que le prestige des marbres me captive, la brique rouge ou couleur de temps des maisons humbles ou des palais du Piémont m'émeut davantage.

Les jumeaux n'avaient pas desserré les lèvres. Ils se tenaient à leur place, sans mot dire, sans ciller.

26

« Il n'y eut pas de veillée funèbre, je veux dire qu'on n'avertit pas le voisinage. Les enfants et moi, nous avons veillé Nilda. On avait allumé deux bougies de stéarine. Don Bruno est venu les souffler – on aurait dit que les enfants s'y attendaient : avant que leur père ne souffle la seconde, ils ont gratté une allumette et rallumé la première... Ils ne se regardaient pas, ni le père ses fils, ni eux leur père, comme s'il se fût agi d'un courant d'air. Les garçons sont restés d'un côté et de l'autre du cercueil, calmes, attentifs, décidés, des enfants de chœur en pleine messe. Je me félicitais d'être présent. Don Bruno, qui devait se sentir humilié, quitta tout à coup la pièce. J'ai craint le pire, une arme, le fouet... mais il n'est pas revenu. Les garçons se regardaient au bord du sourire. Les parents de Nilda ont dû profiter de l'occasion pour rançonner leur gendre, avec succès, à en juger par leur docilité et leur comportement, d'abord au cimetière, ensuite dans le village, quand la rumeur alerta le commissaire de Las Junturas. A l'époque, dans ces campagnes-ci, les suicides n'éveillaient pas de soupçons, certains meurtres non plus. Les garçons, je ne les avais jamais vus aussi fermes, et aussi sur le qui-vive. Ils avaient un air de conspirateurs, ils complotaient, mais quoi ? Leur fuite ? Je me souviens d'avoir souffert pour la mort de Nilda, mais je ne me souviens plus de la souffrance, on oublie les sentiments. Au fond, je gardais de la rancœur à Nilda, ce n'était pas sa mort qui me faisait de la peine, mais son visage gonflé, et toutes les marques du fouet, sans doute sur tout le corps, ces meurtrissures. L'infamie avait frappé. Le cercueil que j'étais allé chercher à Las Junturas et avais acheté à crédit, car mes économies ne suffisaient pas, avait une vitre ovale, c'était un cercueil de riche. Nilda n'était plus Nilda, elle aurait pu être une autre personne, n'importe qui. On ressentait sa douleur, sa souffrance, comme si, endormie, elle vous les avait léguées. Mais, le matin, son visage revenu, elle ressemblait à une de ces photographies que don Serafín avait accrochées dans la salle à manger et qui avaient un cadre ovale, la taille, la forme de la vitre du cercueil. Son père, sa mère, et le roi Umberto d'Italie. Les garçons ont porté le cercueil avec le fossoyeur et votre serviteur. Don Bruno suivait en compagnie de ses beaux-parents. Pas de fleurs et non plus de curé. A l'époque, il venait de Villa del Rosario, pour Pâques et pour l'Assomption. Ils n'avaient pas encore douze ans, les garçons ; leur père les avait mis depuis longtemps au travail. Ils avaient suivi à cheval le chariot où nous avions installé la défunte, le chariot sur lequel elle était repartie de cette cour que vous voyez là, avec ses marmots. Ils étaient des cavaliers accomplis, il fallait les voir, le lasso à la main, quand ils le faisaient tournoyer et qu'ils arrêtaient le cheval emballé, à tous les coups, comme aucun parmi nous, les vétérans. Et qui pourrait décrire leur façon de lancer les *boleadoras*, trois boules de fer pour freiner le poulain au grand galop, cette façon si propre de lui nouer les jambes en pleine course ! C'est fini, les *boleadoras*, et même le lasso.

« Don Bruno les ignorait, obtus, bouché qu'il était. Il n'avait pas hérité d'âme ou si malingre qu'elle ne montait jamais à ses yeux. Je crois qu'il les considérait comme supérieurs, les garçons, comme s'il n'était pas leur père, ce père que peut-être il n'était pas. Il ne savait pas qu'ils s'exerçaient plus qu'ils ne s'amusaient, que leur adresse avait un but et que ce but n'était autre que lui : un tir bien ajusté de *boleadoras* s'enroulant autour du cou avec la promptitude d'une vipère... Mais le destin avait prévu une autre fin : la cave. La cave dont je vous ai parlé. La cave aux rats. Ils avaient dû voir que leur père y descendait, il descendait souvent et ne remontait qu'ivre mort. Les dames-jeannes étaient tout au fond, dans un recoin. Ils ont dû échanger un regard et décider en silence : ils réussirent à soulever la trappe renforcée de métal jusqu'à ce qu'elle bascule. C'est ainsi, à mon avis, que les choses se sont passées. J'entendis le fracas, j'accourus. Ils ne se retournèrent pas quand je suis entré : tout yeux, tout oreilles, un genou à terre, des anges... au jour du Jugement. On n'entendit rien, pendant un long moment, puis il y eut des poussées, des appels, des grattements, des raclages dans la trappe, sans doute avec un outil tranchant, un canif... Don Bruno ! Il soufflait, très près, tout près ; et, la nuit avancée... des hurlements qui n'étaient pas humains, insupportables. Mais les garçons m'empêchèrent d'intervenir... »

Je ne sais pas si, avant l'éclat des Chirieleison qui interrompit le mélodrame, l'Iguane avait eu le temps d'ajouter ce qu'il nous dit lorsque mon frère et moi prîmes congé de la compagnie, au reste demeurée imperturbable, presque souriante, de toute évidence habituée aux esclandres, à l'arrogance fanfaronne des jumeaux, auxquels les servantes et la femme à l'enfant manifestaient une vénération candide – tandis que la petite fille aux yeux noirs, si attentive, paraissait soudain excitée.

La main arrondie sur les lèvres abritant la confidence, l'Iguane nous avait murmuré une réplique : « C'est moi qui suis allé en prison. »

L'algarade des Chirieleison et la basse continue de l'Iguane, qui d'une voix rauque tentait de faire entendre ses protestations, rendaient inintelligible le sens de leur dispute – tout au moins aux étrangers que nous étions, Orlando et moi, bien que mon frère ne manquât pas de points de repère.

En dépit des voix enchevêtrées, il n'y avait pas de désordre dans cette chamaillerie, mais quelque chose de contenu comme par un rituel. Pourtant, une violence acérée, tel le couteau qu'on dégaine, se dévoila tout d'un coup quand les jumeaux ont commencé à menacer l'Iguane, de leur main gauche, de l'index de la main gauche, recourbé tel un crochet : aucun geste, jamais, même le plus brutal, ne m'aura tant impressionné – en avais-je perçu de pareil jusque-là ?

C'était le réveil de la main paresseuse, ce fin doigt soudain crochu, qui semblait transmettre de terribles avertissements.

N'essayant plus de démêler les confusions qu'ils entretenaient, leur imbroglio criard, je ne voyais, fasciné, au-dessus de leur querelle, que, dédoublé, un index gauche accusateur, pointé vers l'Iguane : un concentré d'énergie maléfique, ridicule mais tout-puissant, et sinistre pour le témoin lorsque les jumeaux levèrent les yeux sur moi qui, sans m'en apercevoir, m'étais redressé.

27

Leurs yeux devaient capter de vous des images floues : leur regard, impassible, délavé, ne donnait pas néanmoins l'impression de négliger votre présence, de passer à travers vous ni de s'esquiver par-dessus votre épaule ; mais, par instants, de vous envelopper dans un nuage vaporeux, s'y enveloppant eux-mêmes à vos yeux, voilant l'ossature patente de leur visage, les traits précis et comme géométriques.

Il est difficile de serrer une main quand deux vous sont tendues parallèlement, et davantage si ces mains semblent identiques et les personnes en face de vous le sont. Je ne sais plus lequel des deux fut le premier à avancer la sienne. Leur poignée était ferme, accueillante, mais un degré d'intensité les distinguait : je n'aurais pas su désigner la plus délicate, alors que nous nous déplacions et qu'Orlando, réduit au silence par la mélopée de l'Iguane, auquel sans doute il comptait faire des remarques, agitait des paroles, intarissable, l'air de révéler aux Chirieleison, et à moi-même au passage, qu'ils s'étaient connus enfants, et qu'ils avaient joué avec moi, au moins une fois, dans l'enclos de la luzerne.

Étourdi, il demandait aux jumeaux, sur un ton accusateur, quelle raison on avait eue de raser les arbres – ce qui, après le récit de l'Iguane, revenait à parler de corde dans la maison du pendu.

Peut-être à cause d'une timidité que leur allure empêchait de deviner, une ombre de sourire courut sur leur visage quand mon frère, maintenant sur un autre ton, à la fois pédagogique et passionné, se mit à détailler les plantations en ligne tout autour, qu'il paraissait revoir : les peupliers, en face de la maison ; derrière, les acacias, au-delà du jardin, et les frênes ; à gauche, les eucalyptus et le platane solitaire ; à droite, jusqu'aux champs sans fin du blé, les arbres de paradis et les tamaris, dont je me rappelais la bruine rose de la floraison. Orlando demeura en suspens, s'écoutant lui-même, l'oreille ailleurs, autrefois.

Avec des hochements de tête, l'Iguane marqua son assentiment. Et les Chirieleison se tournèrent vers moi. Ils se regardèrent, l'air de se consulter. Et si l'un d'eux prit la parole que l'on eût dite soumise et faible, quand la diction était nette, le frère ne tarda pas à intervenir, et ce fut, d'une voix aimable, la reprise du canon à deux voix qu'ils avaient exécuté comme on profère des imprécations, devant l'Iguane. Je me souviens qu'en écoutant leur duo de récriminations, un mot traversait mon esprit, insistant, qui voulait les enfermer dans une métaphore : le mot « enroulement ».

Et maintenant, alors que je tâche de coucher ce souvenir sur le papier, leurs voix se taisent – mais une rumeur se laisse entendre, elles reviennent, s'affirment, on dirait qu'elles scandent des phrases brèves, les mots sautillent, les jumeaux s'entraînant l'un l'autre par des signes du coin de l'œil afin de maintenir le rythme, ajoutant des onomatopées en guise d'ornements, instrumentistes qui de longue date se produisaient ensemble.

Entre-temps, Orlando s'est résigné à déverser les anecdotes cueillies jadis chez les péons de la ferme et le voisinage, sur les servantes qui vont et viennent, et sur l'Iguane, endormi maintenant, ainsi que le chien jaune qui ne lève la tête de ses genoux qu'à l'approche des mouches, ne bougeant pas lorsqu'elles se promènent sur sa truffe.

L'un des jumeaux gardait une main sur la hanche ; l'autre, sur la poitrine, à plat. Posées avec nonchalance et fermeté à la fois, elles dégageaient une autorité qui faisait défaut à leur visage, à leur élocution, à leur façon de se mouvoir. Sans être des citadins, leurs mains n'étaient pas celles d'ouvriers. De près, on pouvait déchiffrer les initiales entrelacées dans le hiéroglyphe de leurs bagues.

Ils disaient qu'ils m'avaient reconnu d'emblée, qu'ils avaient appris mon histoire par les journaux et la télévision. Il y eut un silence, puis un éclair dans leurs yeux : « Dire que vous avez passé votre enfance dans cette maison... » Dans l'ensemble, métamorphosé, seules les briques étaient les mêmes. Ils m'avaient vu à la télévision, on avait montré des images d'un palais qui avait l'air d'une église où désormais j'étais chez moi ; et je parlais de Borges, de ses derniers mois, de ses dernières heures, à Genève, cela les avait beaucoup impressionnés. Ils s'enhardissaient, ils me disaient qu'ils étaient heureux de me parler ; et je me demandais : « Qui sont-ils ? Que sont-ils ? Quelles, leurs pensées, leur vie ? » Et tandis que nous demeurions face à face, la maison revenait à son ancienne modestie, à son usure, avec ses ajouts de bidonville et, à l'entour, les hangars vétustes, misérables, mais, aussi, les arbres qu'Orlando avait énumérés, les mêmes que dénombrait mon souvenir, à la même place. Encore une fois, tout revenait, tout était là, la maison, le jardin effacé, l'angoisse de tant d'espace, la silhouette du père à grandes enjambées contre l'horizon.

Les Chirieleison, eux, n'avaient jamais connu la solitude. Ils montraient une curiosité étudiée à mon égard; mes réponses ne les déconcertaient pas, ils y acquiesçaient. L'ombre d'un sourire balayait de temps en temps leur visage. S'était-il conclu entre eux et moi un accord? On eût dit que, de part et d'autre, des souvenirs fugitifs empruntaient une passerelle tendue entre nous. Et j'eus la certitude que nous partagions un secret, à la lettre innommable, qui se dérobait à nous pour être mieux gardé.

Délaissé par les servantes qui, l'une après l'autre, avaient repris leurs occupations, et ne se contentant pas de l'attention que seule lui prêtait la fillette, Orlando se tourna vers nous, la bouche toute pleine des nouvelles du passé, mais les jumeaux firent la sourde oreille; ils s'excusaient d'être obligés de partir, on les attendait depuis un bon moment au village. Sans le regarder, ils le saluèrent d'un signe de la main. Orlando en fut décontenancé : sans doute ne s'était-il jamais heurté à pareille opacité, à ce point mortifiante dans son refus de la familiarité. Autant que je pouvais en juger, l'ostensible indifférence des Chirieleison l'avait profondément blessé.

Ils me tendirent la main, comme tout à l'heure, parallèlement, je ne pus m'empêcher de sourire et ils eurent une moue complice. Et à l'instant, en moi, un coup de tonnerre, tout au fond, et de ces éclairs qui cassent en zigzag la nuit laissant derrière eux l'éveil imprécis d'une autre mémoire en dessous de la mémoire : de quelle épaisseur d'ombre émergeait-elle, après plus d'un demi-siècle, la figure des jumeaux adolescents dans le champ de luzerne en fleur, où la fuite est devenue impossible aux jambes du petit enfant qui se laisse choir et se retourne, le ciel tout entier à sa portée ?

Quand les Chirieleison, le pied à l'étrier, réitérèrent leur moue équivoque, j'éprouvai une sensation de mains sur la peau, l'intensité de mains qui auraient imprimé jadis leur forme sur ma poitrine, sur mes cuisses ; creusé en douceur une sorte de moule, une matrice idéale qu'aucune main n'aurait à l'avenir remplie, ni ne serait venue rappeler ce toucher-là, cette invention de la félicité à l'âge de l'innocence.

La mémoire se rentoilait-elle ainsi, sans effort ? Mais, quelle mémoire ? De quoi, au juste ? Cela m'était-il arrivé, cela s'était-il vraiment produit ?

Les mots sont irresponsables, ils se précipitent sur la première lueur, ils dissipent les ténèbres, ils procèdent à la conversion de la fantaisie en mémoire – de même qu'ils imposent aux rêves de la nuit la cohérence de la syntaxe, quand les rêves ne souffrent pas d'être traduits en mots : ils sont la poésie de la pensée et, comme les vers du poète, ils attendent que le rêveur leur accorde un sens, mais pour lui seul, pour ses silences.

Les servantes revenaient, leur groupe se reforma. Essayant de mêler de rires les souhaits de se revoir, ainsi qu'il se produit d'habitude quand on fait des adieux, Orlando, demeuré coi depuis le geste dédaigneux des jumeaux à son égard, se mit à parler si fort que l'Iguane sortit de son sommeil et, les deux mains appuyées au muret, avec une lenteur ponctuée de minutieux craquements, se redressa sous le regard incrédule de son chien : le cou surgissant des plis du poncho rejeté sur l'épaule s'allongeait, poussant vers les hauteurs la tête du barde.

Et je vis la main de l'Iguane, la peau flasque et grenue de la main de l'Iguane, pareille à un gant usagé, d'une taille bien supérieure à la main qu'il me tendait : le frisson qui parcourut ma colonne vertébrale précéda le contact, cette sensation de serrer une main énorme tout en chair molle incrustée d'osselets.

De l'endroit où je me trouvais, je voyais les Chirieleison sur leurs montures qui avaient pris le galop, mais au ralenti, ce qui infirmait le prétexte du retard allégué par les cavaliers en prenant congé de nous, ou plutôt, en nous donnant congé.

Le soleil était bas, des nuages dodus l'attendaient à l'horizon. Il y eut un reflet doré sur la croupe rousse des chevaux, qui se frôlèrent quand l'un des jumeaux passa son bras autour de l'épaule de son frère.

Je n'avais pas remarqué que la petite fille nous avait quittés. Lorsque Orlando fit claquer la portière de la voiture et mit le contact, je l'aperçus du côté du poulailler : elle promenait un canard au bout d'une double cordelette attachée à ses pattes, qu'elle secouait avec intransigeance.

28

Combien de temps va-t-il durer ce paysage abandonné par les heures, des deux côtés de la route de Córdoba ? Combien, pour épuiser la distance ? Je ne m'étais pas retourné pour voir la maison ; je la croyais déjà lointaine quand, à la faveur d'un détour, elle apparut, toute proche, dépeuplée, imposante dans sa solitude, l'air majestueux ; et elle disparut, comme effacée par une éponge sur le tableau, aussitôt que l'on prit la nationale qui s'élance en droite ligne, interminablement. Nous pénétrons dans l'envers du monde, dans ce qui jadis était mon pays. La planète qui tourne et tourne n'a-t-elle pas assez de ce paysage inerte et sans destin ? S'y repose-t-elle ?

Au petit matin, lorsque la lumière monte et que la plaine s'élargit à la ronde, la Création ne semble pas invraisemblable. Puis, au long de la journée, cette impression s'atténue, et le soir l'estompe.

Appliqué, tendu, le sourcil froncé, Orlando tient avec force le volant, s'y appuyant des deux mains, de crainte, dirait-on, qu'il ne lui échappe. Il donne l'impression de se sentir indispensable au fonctionnement du moteur. Sans doute rumine-t-il l'humiliation infligée par les jumeaux. Il cherche les mots, j'en suis sûr. Il fignole l'anecdote. A plusieurs reprises il a desserré les lèvres, prêt à parler, mais il s'est retenu. L'histoire des Chirieleison, le récit de l'Iguane, dépassent l'entendement.

Soudain, je m'aperçois que ce sentiment de manque indéfini, éprouvé tout à l'heure, au déclin du jour, chez les jumeaux – identique à celui de l'objet indispensable qu'on a oublié à la maison – était provoqué par l'absence d'oiseaux, du piaillement des oiseaux de l'enfance, qui tissaient dans une rumeur de grésil d'abord, de fin cristal ensuite, une toile de sons analogue à celle, silencieuse et lumineuse, des lucioles. Le peuple des oiseaux où la calandre, le serin, le merle se mêlaient à l'orchestre pauvre des moineaux, soutenu par la basse des pigeons aux paupières transparentes. Matin et soir ils faisaient irruption dans la limpidité du silence qui nous entourait. Je m'en souviens, ou s'agit-il de la mémoire du souvenir d'un souvenir, et ainsi jusqu'à la perte ?

On peut voir à Rome, à l'horizon des coupoles, se lever telle la fumée d'un incendie des bandes d'étourneaux qui gagnent le ciel, se répandent, se multiplient, le remplissent jusqu'à en salir la lumière. Ils n'ont pas de musique.

Comme lorsqu'on tourne le bouton d'une radio, la voix d'Orlando éclate, captée en pleine diatribe : il souffre d'avoir manqué de présence d'esprit, il n'avait pas voulu faire scandale devant moi : on pourrait les dénoncer, on devrait dénoncer leur meurtre, leur parricide, ce n'était pas trop tard, ce n'est jamais trop tard. A mesure qu'il parle, son indignation augmente, son éloquence naturelle s'enrichit. Il repère certains mots, il les déguste. Il s'adresse moins à moi qu'à ceux qui vont l'entendre dès notre arrivée chez Armando. Il en a pour toute la durée du dîner – et demain, aussi longtemps qu'il sera de ce monde. Mais... – la colère a redoublé, son imagination s'affole... – est-ce que je me rappelle la cave, aurais-je oublié les rats ? Ils étaient de la grosseur d'un porcelet.

Je ris et le rire le détend. Ensuite, baissant le ton, modérant l'âpreté et la violence de son élocution, il dit, comme pour lui-même, pour se faire mieux prendre au sérieux, qu'il reviendra à la ferme demander des éclaircissements. Sur leur passé raconté par l'Iguane ? Sur leur dédain à son égard ? Il marmonne, il ne renonce pas, l'enfant qui persiste en lui, qui fait la moue. Mais il finit par se taire. Et dans le silence, je remarque le bruit du moteur, l'odeur du gazole me paraît plus forte. Je baisse la vitre, l'air frémit sur l'arête, soyeux.

Le dit de l'Iguane, j'y ai prêté foi sur le moment. J'aime écouter des relations, je suspends mon incrédulité coutumière, ainsi qu'à la lecture d'un roman. Mais, en ce moment, alors que nous nous éloignons à jamais des Chirieleison, de ce décor du temps jadis que non sans danger nous venons de visiter, je ne doute pas de la véracité du récit : je doute de l'avoir entendu cette après-midi, il y a une heure ou deux. J'ai du mal à y croire. Orlando, lui, soupèse les faits, les interroge, les juge, les épingle, les contredit, parfois les célèbre comme mes autres frères et sœurs. Il retient le présent de toutes ses forces, le scrute, l'épluche, il cloue le présent au présent, y ramenant les éclats du passé.

Moi, en revanche, je laisse le courant libre, pareil à l'eau du fleuve qui fuit l'eau. Ce que je viens d'entendre s'est déjà envolé vers la fable. L'absence des oiseaux avait aggravé le sentiment d'irréalité suscité par le conteur. Cependant, réels étaient les jumeaux et leur comportement d'auditeurs ; réels les lieux décrits, dans lesquels j'avais inventé des jeux solitaires ; l'histoire s'était bel et bien imposée à moi. Et ce trou dans le temps ouvert sur le champ de luzerne et les jumeaux adolescents, d'un coup refermé sur la sensation des premières caresses, l'avait confirmée.

Le temps a deux vitesses, disait l'Iguane. A peine avons-nous atteint la conscience du monde, que sonne la cloche du départ et que tout reste à faire. Mais se retourne-t-on ? toute cette vie derrière nous se répand, s'étale, reflue et on ne distingue plus aucun chemin, on a peine à croire que l'on vient de si loin.

Assoupi, je rouvre en sursaut les yeux. La nuit s'est refermée, sans étoiles. Quel sera le sort de la petite fille ? Celui qui a des ailes vole-t-il toujours ? A-t-elle des ailes ?

Elle ne tardera pas à enlaidir, me dis-je, et quelque chose remue, insondable, dans les replis du cœur, un vain remords.

Des petites lumières tremblotent au loin à ras de terre, elles bourgeonnent, se multiplient, c'est l'approche de la ville, et il me semble que tout reprend âme. A contre-nuit, Orlando a un visage de vieille photographie.

29

Et maintenant... Mais le mot « maintenant » ne s'était pas formé ni aucun autre encore lorsque je commençai à me réveiller dans la petite chambre de la maison d'Armando, encombrée de ces chaises utilisées à l'occasion des grands repas de famille réunissant au moins trois générations.

Non : ce n'était pas encore le mot « maintenant » ni aucun autre. Le radeau de la nuit sombrait dans un remous. Des visions hétéroclites s'éparpillaient à la surface d'une eau noire. La conscience peureuse et paresseuse ne voulait pas faire face à la lumière qui dardait ses rayons par les trous des volets, et peu à peu se répandait sur les meubles, sur la rose rouge, déjà flétrie, avec sa collerette d'asparagus, et tout d'un coup elle inonda le miroir : je vis ma main sur le drap marron, et en même temps les frères Chirieleison à cheval, se découpant dans un photogramme de western, me tendant leurs mains parallèles ; ou prononçant avec ce naturel que seule confère l'habitude, le nom de l'illustre aveugle de Buenos Aires, dans la contrée jadis à l'écart du monde où j'ai grandi : Borges, que j'ai vu mourir et qui demeure.

Puis, le brusque rappel aux obligations capitales de la journée et le froid du carrelage me redressèrent l'esprit. Alors seulement apparut dans l'écran intérieur le mot qui s'est précipité pour commencer cette page : « Et maintenant, il faut que j'entre en scène. »

Entre crainte et ferveur, j'éprouvais le besoin d'atteindre l'idée que l'innocente exaltation des gens s'était forgée de moi, me plaçant dans les hauteurs, exigeant de ce compatriote dont ils avaient, pour la plupart, tout ignoré, un envol, quand il n'avait été capable, sa vie durant, que d'une passion aveugle et irresponsable. Je ressortais à l'autre extrémité de l'anonymat, des battements de cœur dans tous les sens me cernaient, je rejoignais, aux yeux du plus grand nombre, et pas plus sans doute que le temps d'une saison, les gloires de la brève histoire argentine, et la gloire des héros immédiats du ballon, du tango, du volant ; tout s'était mis à valser autour du personnage fait un peu de ma personne et beaucoup des circonstances. Par tant d'inconnus célébré, quelque chose en moi s'élevait à leur rencontre, dans ce pays d'enfance qui portait depuis si longtemps un fardeau d'événements mal assurés, dans le meilleur des cas, et atroce souvent, hier encore.

Trois jours durant, je m'étais promené dans les rues et les parcs de Buenos Aires, et tout d'abord j'avais vu, de mes yeux vu, les arbres qui font partie de la modeste mythologie de la ville : les jacarandas qui disputent au ciel les nuances de bleu, et les ombus aux branches interminables soutenues par des piliers, pachydermes immémoriaux que l'habitude avait jadis cachés à mon regard. Mais ces gens que je croisais, on n'en voyait jamais de pareils lorsque autrefois j'habitais la ville : maintenant, la liberté éclairait leur visage et les rues allaient où le promeneur voulait qu'elles aillent.

Certes, je retrouvais le pays encore endolori par l'épreuve de la dernière dictature, celle qui aura réussi à condenser en un mot banal, « disparu », la terreur et la torture et le crime et la puissance du Mal dans l'homme. Un mot banal, inemployable désormais, noire déchirure dans la langue, inextinguible. Mais dans l'allure des passants, dans leur manière empressée de répondre à votre demande d'un quelconque renseignement, dans leur sourire qui n'était pas limité aux lèvres, on sentait que les mauvaises années appartenaient au passé.

Du temps de Buenos Aires, entre l'adolescence et la jeunesse, je ne m'étais jamais aventuré dans la Bibliothèque, ignorant même le vieux bâtiment de la rue de Mexico où attendaient neuf cent mille volumes, comme le voulait Borges, qui en deviendrait le gardien, car il trouvait ce nombre plus imposant que le million réel à l'époque, ou déclaré tel. Néanmoins, je m'étais fait une idée de la Bibliothèque dont les couloirs avaient entendu les pas précautionneux de l'Aveugle, le heurt délicat de sa canne. Et j'avais présente à l'esprit cette image, le jour où, par la porte dérobée d'un édifice moderne, on me conduisit au bureau de Yanover, le patron, l'un de mes amis d'adolescence. Ernesto Shôo m'y attendait, qui venait de traduire mon dernier livre dans ma langue natale – dans laquelle nous avions joué, lorsque tous deux nous rêvions de théâtre. Il allait me poser des questions devant le public. J'avais opté pour une causerie, inconscient des embûches que risquait de me tendre l'usage impromptu d'une langue qui depuis bien des années m'avait abandonné.

Les familiers de Shôo, de Yanover, montaient au bureau. On m'interrogeait, on m'offrait du thé avec du miel, pour aider à dégager mes bronches, mises à mal par l'air conditionné, glacial, de l'avion. Le ton de la conversation hésitait entre une effervescence enjouée et une certaine mélancolie. Au-delà de la baie vitrée, il me semblait reconnaître le premier gratte-ciel de Buenos Aires, le Cavanagh. Autrefois, je n'avais pas su apprécier sa beauté sévère.

Tout un monde était contenu en ce moment, et pourtant, alors que je tâche ici de le reconstituer au moyen de mots, les amis deviennent des silhouettes à contre-jour, leur voix se perd dans une sorte de brume, l'émotion s'est éteinte. Ne reste que le halètement de l'amour-propre dans la poitrine, qui pose sans répit la même question : « Y aura-t-il du monde ? Y aura-t-il du monde ? La salle sera-t-elle pleine ? »

Il y en eut ; pleine, la salle, et davantage : si le nombre de gens debout avait flatté ma vanité, et si d'emblée saturé de sympathie et de compréhension, je pus larguer les amarres, une surprise de taille m'attendait lorsque, avec Shôo et Yanover, suivis des auditeurs des premiers rangs qui empruntaient la porte à côté de la scène, nous remontions le couloir entourant la salle, à contre-courant du public qui avançait vers nous en provenance du hall où trois vastes écrans lui avaient permis de suivre le compte rendu de mon parcours.

Au risque d'être taxé de fatuité, il me faut poursuivre l'évocation de cette rencontre où je compris, d'une part, que je n'étais que la figure occasionnelle d'un rêve collectif; et, d'autre part, que l'affabilité perçue dans le contact instantané avec des passants divers, ou des chauffeurs de taxi, correspondait à une nécessité profonde qui, le soir de la Bibliothèque, se manifesta dans l'attitude de l'assistance à mon endroit, et des gens entre eux : pour ce qui concernait les manières de mes compatriotes, j'en étais resté à leur sobriété, à leur humour allusif et aux réactions modérées que celui-ci suscitait; et, surtout, à leur contenance pudique en public, à leur quant-à-soi déterminé, quels que fussent le degré ou la nature des rapports.

Que des gens qui se rencontrent à l'improviste dans la rue s'embrassent, ne m'avait pas étonné, l'œil les ayant pris pour des étrangers, oubliant qu'ils étaient, comme moi, descendants immédiats de divers peuples d'Europe. En revanche, atteignant le hall de la Bibliothèque, cerné, encerclé, assailli, étouffant, je crus sentir dans leur effusion, dans leur regard, dans ce contentement qu'exprimait leur sourire, dans leur façon de parler entre eux sans me quitter de vue, le besoin d'être ensemble, fortement unis, communiant – ce terme religieux est le seul juste en l'occurrence – dans la ferveur qu'ils éprouvaient envers le fils prodigue qui était là parmi eux.

Ils ne se connaissaient pas, et ils se touchaient : la main ne serrait pas toujours la main tendue, elle se posait sur la main offerte, sur le poignet, le bras : la main touchait, ils se touchaient. Signais-je un livre, répondais-je à une question? Ils m'embrassaient – d'un seul côté, sur une seule joue; des deux côtés, c'était « à la française », me disait-on. D'un seul côté donc, les femmes et les hommes, les femmes et les femmes, les hommes et les hommes – et le lendemain je verrais dans l'hémicycle de la Chambre des députés de graves messieurs qui échangeaient le baiser devenu rituel, les mains de l'un posées sur les avant-bras de l'autre.

Se toucher, s'embrasser... Ils savaient qu'ils n'étaient pas tout à fait libérés du passé ; que l'avenir attendait de tous, et de chacun, qu'ils déracinent les haines, pour prolonger l'espoir – et que l'on n'est jamais trop nombreux pour prendre une assurance contre les redoutables rendez-vous que le destin nous réserve.

Oui, maintenant, il me fallait entrer, pour de bon, en scène : à Buenos Aires s'était joué le sort de l'écrivain dont le cheminement et le travail se confondaient ; en revanche, ici, à Córdoba, une épreuve l'attendait, l'après-midi à l'Alliance française : j'allais répéter encore une fois le conte de ma vie, mais, cette fois-ci, devant mes frères et sœurs : les témoins. L'un ou l'autre avait lu l'un ou l'autre de mes livres ; ils y faisaient des apparitions ; je m'en étais servi, leur attribuant tel et tel agissement, sans souci d'exactitude, changeant le sens de la marche pour sauver une cadence, obéissant à l'épithète inattendue qui préserverait une phrase de la distraction du lecteur, peut-être même, de l'oubli.

Écrire c'est prendre des poses qui finissent par faire partie de la nature de l'écrivain. Toute parole trahit son objet, le propos du scribe, au bénéfice d'une finalité supérieure qui lui échappe et qui justifie l'œuvre de trahison. Aussi toute pensée, une fois exprimée, est-elle un mensonge au regard des intentions de l'auteur ; toute parole met la chère vérité en cause. Mais, presque toujours, il croit que les mots coïncident avec sa pensée. Tant qu'il écrit, le scribe est un homme de foi. Tant de gens se figurent qu'ils croient en Dieu.

30

La vue du gazon inégal de l'arrière-cour sur laquelle donnait la fenêtre de ma chambre, le soleil précaire, l'air chargé d'humidité annonçaient une journée morne.

La sonnerie tremblée du téléphone me parvint de la cuisine, et la voix d'Armando qui répondait. Sa femme lui demanda de parler moins fort, car je dormais. Armando se montrait toujours très animé, presque guilleret, dès le matin. Il a, et notre mère l'avait, le don de vivre ce que lui offre le moment, en écartant les problèmes qu'il convient de renvoyer au lendemain.

La joie qu'il manifeste en me voyant est sincère, et il s'empresse autour de moi qui me suis assis à la table du petit déjeuner, me propose des jus de fruits qu'il vient de presser, des œufs ramassés le matin même, des œufs de poules nourries aux céréales, comme à la ferme, dit-il, me signalant de l'index, dans le dressoir, une cloche en tarlatane figurant une poule couveuse, assise sur un panier : le bec et les pattes de bakélite ocre, la crête rouge comme il le faut, de feutre, les yeux, des boutons de bottine.

Gloria, en robe de chambre, mais déjà maquillée avec minutie – « décorée », dit mon frère – prépare le thé, son maté à la main.

Le thé, ma mère, seule dans la famille à en boire – à quinze heures, avec du citron –, m'apprit à le préparer. La théière ébouillantée, elle y mettait une petite cuillerée de feuilles, versait dessus un rien d'eau froide ; puis, lorsque l'eau frémissait, elle en faisait couler sur les feuilles un filet qu'elle déversait au bout d'une demi-minute les allégeant ainsi en théine. Un jour elle consentit à m'en donner une petite tasse. Que le thé me plût ou me déplût, je n'en garde pas le souvenir, mais du bonheur d'avoir partagé un goût exclusif, je me souviens encore. Cet événement infime se trouve peut-être à l'origine de ma tenace méfiance à l'endroit des goûts communautaires, des coteries, des traditions, des modes.

Armando dissimula mal son geste de réprobation quand Gloria, se tournant vers la fenêtre qui donnait sur le jardinet en bordure de la rue, laissa échapper un cri : un homme au chapeau enfoncé jusqu'aux sourcils, immobile, s'encadrait dans la vitre qui, fêlée, ajoutait une cicatrice à son visage glabre. Son apparence d'outre-tombe suscitait l'effroi, et davantage son immobilité parfaite, qu'il maintint, quand Armando, se glissant dans le salon, entrouvrait la porte et l'apostrophait sans provoquer la moindre réaction de l'inconnu. Aussi regagna-t-il la cuisine, avec un rire à mon intention, pour me rassurer, et prit le téléphone qu'il rapprocha de la vitre où il n'y avait plus personne : au coin de la rue déserte, l'homme au chapeau avait disparu.

Nous sortîmes avec précipitation, mais en pure perte : pas de trace du spectre. La rue, devant nous, était courbe, pareille à toutes les rues de ce quartier qui échappe à la prolifération sans foi ni loi de la banlieue de Córdoba, s'entrelaçant de façon géométrique, chacune se divisant en fourche, changeant de nom, égarant indéfiniment le visiteur mal renseigné.

Sur la balustrade du jardinet en face, un matou couleur du temps nous regardait impavide. Les persiennes de la maison étaient fermées. Quant à l'étrange apparition, l'hypothèse d'Armando me paraissait fondée : selon lui, il s'agissait d'un fou évadé d'un asile ou, encore, d'un de ces aliénés que de nos jours on rend à la famille, et qui s'était dérobé à la vigilance relâchée des siens.

Mais Gloria – derrière les lunettes fumées ses yeux ensommeillés vous percent comme si elle détenait la clé de votre avenir – ne partageait pas l'interprétation de mon frère : la tenue de l'individu, le chapeau à large bord enfoncé jusqu'aux yeux, les gants noirs, avions-nous remarqué les gants noirs ?, son impassibilité, faisaient à ses yeux partie d'un déguisement, au reste trop évident, exagéré. Il laisserait passer du temps, des semaines, et il reviendrait, un jour de pluie, afin qu'apitoyés on l'invite à entrer. Alors, de la poche intérieure de son manteau...

Armando pouffa. Et tous trois nous avons ri – mais non sans forcer la note.

Il fallait se presser. On nous attendait en ville.

31

A Córdoba, l'Alliance française occupait encore, lors de mon passage, une maison typique du paysage urbain argentin d'autrefois et, par conséquent, vétuste : façade à même la rue, porte d'entrée flanquée de part et d'autre d'une ou deux fenêtres ; en guise de vestibule, un bref et étroit corridor qui débouche dans un premier patio autour duquel se rassemblent, de plain-pied, le salon, la salle de séjour, la salle à manger, les chambres symétriques sur le devant de cabinet de médecin ou d'avocat, ou, assez souvent, de bibliothèque familiale.

Le couloir interrompu reprend et longe un second ensemble de pièces – chambre à coucher, salle de bains, nursery – qui ouvrent sur un nouveau patio. Le couloir en trouvera un troisième s'il s'agit d'une demeure, où chambres de domestiques, cuisines, cellier, buanderie, resserre et toutes sortes d'entassements, de petits abris, envahiraient les lieux si la citerne, depuis longtemps scellée, avec ses hautes dentelles de fer pareilles à une mantille de duègne, n'imposait pas l'ordre par sa seule présence, que le visiteur discerne dès l'entrée, au point de fuite de la perspective.

Il n'y a pas de vrai jardin, mais, dans chaque patio, des pots de terre cuite de toutes les tailles où poussent, pour le principal, le géranium, le laurier-rose et le gardénia. Il était courant de laisser un petit carré de terre contre l'un des murs, pour la glycine – dont les nœuds du tronc mesurent, dit-on, les années – et pour le chèvrefeuille. Parfois – c'est le cas dans la maison qu'occupe l'Alliance – une voûte de verre change le premier patio en jardin d'hiver. Au reste, il était décidé que la délicate verrière fin de siècle de l'Alliance serait préservée par les architectes qui allaient sous peu entamer les travaux de renouvellement : sur le bureau du directeur, une maquette montrait les modifications prévues pour les dépendances ; les patios seraient transformés en salles d'étude.

Je relis les lignes qui précèdent et je me dis que mon souci d'exactitude, le soin que j'ai mis à décrire ce type de vieille maison argentine n'aurait pas été le même si je m'en étais souvenu dans ma langue d'enfance – je ne me serais pas attardé à ces minuties de cartographe.

C'est que, d'une part, on ne perçoit avec netteté la réalité que lointaine, et, d'autre part, lorsque des histoires venues d'ailleurs exigent d'être contées, il est indispensable de les pourvoir d'un sol ferme et d'y bien planter le décor. Quand j'écris, je reprends toujours le voyage entrepris jadis dans le dessein d'atteindre ce point du monde où je serais chez moi dans ce que je possède en propre – et qui devait être déjà en moi le jour de ma naissance.

32

Ils sont là, mes frères et sœurs, près de l'estrade, mais pas au premier rang, ni tous ensemble, mêlés à des inconnus, dans la salle déjà remplie où, de façon intermittente, des groupes continuent à déboucher comme si des vannes s'ouvraient. Certains se faufilent entre les derniers fauteuils et le mur du fond ; d'autres avancent, indécis, s'arrêtent, intimidés par tous ces regards satisfaits des gens assis qui ont l'air de voir dans les nouveaux arrivants des intrus, et sous la poussée d'une foule devenue compacte, se précipitent jusqu'à buter contre l'estrade où je devrai monter. Le couloir est plein, on dirait des passagers sur un quai d'embarquement.

Ils sont là et moi, derrière la porte entrebâillée, je vois le visage de Cecilia, placide et, presque de face, celui d'Armando, épanoui, qui d'un geste brusque refuse le chuchotement de sa femme : il est concentré, il veut que personne ne vienne s'immiscer dans son recueillement. Et voilà le préféré du père, Francisco, immuable, secret ; et ce profil qui se distingue par sa dignité, c'est Elvira ; ses cheveux clairsemés, d'ordinaire plats, frisottent ; elle est allée chez le coiffeur ; elle est fière dans sa modestie, et la grandeur est avec elle. A ses côtés, ce visage où s'est attardée, et à jamais, l'adolescence, toujours perceptible lorsqu'elle demeure face à vous, silencieuse, est celui d'Elida ; et cela, sa timidité rêveuse, ressort davantage en ce moment où sa tête émerge du col de renard dont elle écarte les bords : elle n'a pas voulu laisser son manteau au vestiaire.

Ils se sont fondus dans le public, avec discrétion, avec patience, à l'exception d'Orlando : lui, il a besoin de compter les auditeurs, de tout contrôler, le bruit, les voix, la moyenne d'âge, l'habillement et, bien entendu, les commentaires qu'il entend par bribes, avec plus de hardiesse que de prudence, lui, le conteur intarissable qui n'ignore pas le poids du plus infime détail dans le cours d'un récit.

Et une rumeur d'assez bon ton, étale, enfle par vagues, le bruissement se change en brouhaha, puis, par à-coups, diminue, ainsi qu'au théâtre quand les lumières baissent tandis que le grincement étouffé d'une poulie se laisse entendre et que le rideau va se lever.

Alors que, sans prévenir, on écarte les deux battants de la porte et que l'assistance, en me découvrant, applaudit en une sorte d'adhésion préalable, le directeur de l'Alliance s'avise de me rappeler les particularités du microphone et que le plancher est vernissé. Trop tard. Je monte à l'estrade : me voici, et les voilà. J'incline la tête, j'ébauche en souriant un geste de la main, que, vite, j'atténue – car le souvenir d'Eva Perón haranguant la foule m'a traversé – et je me dis que mon sourire ne doit pas se réduire à l'un de ces signes de politesse qui s'effacent à l'instant même, comme une grimace.

Un sentiment de bien-être, une sorte de débordement, une dilatation du souffle toute proche de l'émotion s'empare de moi – l'émotion, qu'il convient en certaines circonstances de laisser paraître en se gardant d'en éprouver, car elle trouble le discours et alors qu'un auditoire conquis d'avance lutte pour vous faire dire ce qu'il espère entendre – sans oublier que cette tête tournée vers la fenêtre, il faut la ramener à soi ; faire en sorte que ces sourcils froncés qui vous interrogent se distendent ; et, par une intonation, par une rupture inattendue au milieu d'une phrase, happer les distraits.

A peine ai-je commencé à parler, la porte du fond est forcée, les gens restés dehors s'entassent dans les couloirs qui prolongent la salle ; et des volets claquent, des jeunes gens s'installent dans l'embrasure des fenêtres grandes ouvertes, se collent de part et d'autre au chambranle, afin que ceux qui sont restés dehors puissent suivre la causerie. Le tumulte n'a duré que quelques secondes ; les filles et les garçons debout dans les fenêtres ont l'air de statues.

Mes frères et sœurs ont congédié leur sérieux, on dirait qu'ils tirent vanité du sympathique désordre. Ils se font des signes, même Francisco condescend au sourire. Je ne crains plus que mes propos les déconcertent ou les blessent, je vais parler en toute liberté.

Une seule personne a réussi à se glisser dans la cohue, se frayant un passage jusqu'à l'estrade : elle incarne cette figure que l'écrivain rencontre partout où il va lorsqu'il est devenu... un écrivain public. Elle est toujours une femme, puisque, à l'encontre de l'homme, elle s'expose – la femme qui par ces temps d'incroyance demande à l'écrivain de suppléer le confesseur.

Si à l'aspect dans l'ensemble automnal qui la caractérise, s'ajoutent le plus souvent une expression de mélancolie anxieuse et des cheveux d'une longueur en désaccord avec l'âge, celle-ci qui, à mes pieds, me tend la main, exhibe par surcroît un sourire de biais, à la fois supérieur et provincial, qui dévoile le scepticisme, l'ironie et le penchant sentimental propres à l'âme de mon pays natal : c'est le sourire argentin par excellence, arrêté lorsqu'on relève un des coins de la bouche, ou étiré vers la pommette, toujours d'un seul côté, comme une balafre – tandis que la joue opposée, la moitié du visage, demeure imperturbable.

Les genoux pliés pour atteindre sa main, je la lui serre, fermement, sans que ma main s'y attarde, et en me redressant je reprends la dissertation interrompue. Elle se retourne, le regard bas, les mains croisées sur la poitrine – et je vois le sourire argentin fleurir et se multiplier dans l'assistance.

Je descends les quelques marches de l'estrade, j'essaie de distinguer dans le lent remous des têtes, mes frères et sœurs, mais il est impossible de faire un pas, nous formons, tous ensemble, un conglomérat qui en vain s'étire et se contracte, nous ne réussirons pas à nous ébranler, et pourtant, nous avançons peu à peu dans le couloir qui mène aux patios. Le directeur de l'Alliance brandit un écriteau invitant le public à se rendre à la bibliothèque. Il me soulève, presque, il m'extirpe, et je me sens mal à l'aise à l'égard de ceux qui souhaitent me dire un mot, me poser une question, ou m'annoncer, arborant un air de triomphe, qu'ils sont mes proches parents puisque leur grand-mère, ou un cousin par alliance... Ma famille, qui n'avait guère connu qu'un nombre bien établi de parents en ligne directe, allait devenir en quelques jours la souveraine d'une dynastie dispersée des cataractes de l'Iguazú jusqu'à la Terre de Feu.

Deux élèves gardent la porte et les gens entrent tour à tour, l'un après l'autre, ou en couple. Assis à une grande table, j'écoute, je réponds, je pose à mon tour une question, le directeur se tient à côté de moi afin d'abréger les échanges, si quelqu'un, ou moi-même, s'y appesantit. Ils ont fait le tour de la table et les suivants les imiteront ; ils tiennent, par-dessus tout, à poser leurs lèvres sur la joue de l'Argentin prodige.

Tout d'un coup, je vois Cecilia qui, le visage collé à la large baie vitrée de la bibliothèque, me sourit : lequel des deux est dans l'aquarium ? Elvira la rejoint, ensuite les autres frères et sœurs, qui s'agglutinent autour de l'aînée, demeurant quelques secondes immobiles, un regard fixé sur moi, un sourire des yeux plus que des lèvres, comme dans les photographies des noces d'or et des noces de diamant du père et de la mère – où je ne figure pas. Ils parlent, ils me font de petits signes et, coincés entre la paroi de verre et le public qui persévère, ils tâchent de bouger, ils se mettent en rang tout contre la vitre, à la queue leu leu. Armando en tête agitant un mouchoir blanc, et lorsqu'il feint de trottiner sur place, je me demande s'il veut évoquer la fumée d'une locomotive d'autrefois, ou les adieux du voyageur.

L'homme très brun, très mince que j'avais aperçu à plusieurs reprises debout près de la porte, le prenant pour un employé de l'Alliance, vient vers moi. L'intensité de son regard, l'impassibilité de son visage me rappellent la petite fille chez les Chirieleison.

« Ruiz », dit-il, comme on dit : « Police ! » Et tout d'un coup je sais qui il est avant même qu'il n'ajoute : « Le séminaire, t'en souviens-tu ? »

33

J'avais fini par accepter de me rendre chez Ruiz le lendemain, dans l'espoir de récupérer le nom, effacé de ma mémoire, de celui qui, dès mon arrivée au séminaire franciscain de Moreno, loin dans l'interminable banlieue de Buenos Aires, avait pris dans mon esprit la place tout entière de la dévotion.

Ruiz et moi y avions partagé la vocation de la sainteté sous la férule débonnaire du Père Leonardo González – et moi avec « lui », depuis tant d'années devenu en moi l'innommé, le pur amour. Je m'étais dit que, au cours de l'inévitable remémoration du temps du séminaire, avec Ruiz, « il » surgirait au détour d'une phrase et que je le retrouverais à ce moment précis où, les vacances d'été dans la sierra de Córdoba s'achevant, il m'avait annoncé qu'il ne rentrerait pas à Moreno, mais au couvent de Buenos Aires, pour ensuite gagner le noviciat. J'eusse souffert si, dans cet aveu, il eût fait appel à une componction de mélodrame, à des adieux déchirants et davantage, à des adieux éternels propices aux larmes et aux promesses réciproques – mais ce ton raisonnable que je ne lui connaissais pas m'humilia et, faute de réussir à l'oublier, je l'enterrai dans mon cœur, comme dans une fosse.

Que Ruiz eût insisté pour que je vienne chez lui ne me paraissait pas étrange : ainsi que bien des gens rencontrés depuis mon arrivée au pays, il tenait sans doute à ce que le visiteur sache comment et entre quels murs sa vie se déroulait, afin que le décor consolidât le souvenir de sa personne ; et à lui expliquer en détail les travaux de réfection exécutés dans cette vieille demeure du centre de la ville, où il avait son cabinet de notaire, et comment la distribution de l'espace régissait ses journées. On a toujours peur de ressembler à l'image que l'on se fait de nous, aussi s'essaie-t-on à la représentation de soi, on joue le premier rôle, et Ruiz, en l'occurrence, le rôle titre.

Avant d'aller plus loin, je vais m'attarder quelques instants pour bien observer le salon aux résonances cardinalices où Ruiz m'a invité à entrer. Les murs sont tendus de damas d'un rouge chimique que le temps a dû pieusement atténuer, à en juger par la marque d'un ton bien plus vif laissée par un crucifix qui, absent désormais, continue à fournir des renseignements sur le maître de maison, car placé dans la niche centrale de la bibliothèque, au-dessus du siège au haut dossier ovale et aux pieds pourvus de sabots de bronze qui le grandissent, de sorte que le notaire parvienne à appuyer les coudes sur le bureau. Solennel meuble d'acajou, de dimensions géantes en regard de la pièce, vaste, mais étroite, et basse de plafond. Des doubles rideaux du même damas, pâlis sur le bord, au drapé massif, retenu à la hauteur de l'appui des fenêtres, bouchant la lumière, n'admettant qu'un triangle rayé de gros barreaux de fer.

34

Ruiz... Vous tendait-il la main ? vous ne saisissiez que le bout des doigts – comme avec ce voisin d'Armando qui fit irruption chez lui lors de mon arrivée. De stature moyenne, de proportions correctes, un petit ventre pointu contrariait la stricte maigreur de sa personne, et la veste croisée qu'assis il gardait boutonnée ne le dissimulait pas.

A l'Alliance, j'avais cru le reconnaître sur le moment, et maintenant je voyais un étranger. Il gardait sa main droite sur le guéridon, entre nos fauteuils, l'air de demander une explication ou une faveur. Au poignet, par instants perceptibles, les battements d'une artère : était-ce la palpitation d'une fraternité qu'il devinait soudain impossible ?

Un regard, un sourire, une main brusque qui annonce la parole, une expression quelconque et cependant unique qui réapparaît sous les ruines d'un visage nous rendent, mieux que l'ensemble des traits, la nature de l'être jadis connu, et oublié. Cette fixité si intense du regard que j'avais identifiée était acquise, volontaire ; pourtant, un regard en coin s'échappait vers moi par intermittence, plutôt mélancolique, qui justifiait l'ancienne métaphore des yeux comme fenêtres de l'âme : son âme s'y penchait parfois.

Ruiz évoquait nos deux années de compagnonnage au séminaire sur un ton incisif et cassant, d'une hostilité foncière, ses lèvres ne se détachant que forcées par les mots. Il respectait avec soin l'ordre chronologique : j'étais arrivé au séminaire de Moreno en janvier 1943, précédé des louanges que m'avait values mon application à l'étude, au séminaire de Córdoba. Mais ils avaient été mis en garde, mes futurs condisciples, contre ma connaissance précoce de certains écrivains profanes – les plus pointilleux en matière de doctrine y soupçonnant les manigances du Diable. Ils n'hésiteraient pas, afin que je m'engage pour de bon dans les voies du salut, à me renvoyer à l'Index, encore en vigueur. Cette énumération d'auteurs et de titres m'aura permis de me guider dans la forêt de la littérature, où j'avançais à tâtons, grâce à la conviction, propre à mon incurable esprit d'enfance, que ce qui fut interdit par l'autorité est toujours préférable à ce qu'elle prône.

Par moments, je me disais que Ruiz devait connaître certain récit de mes années de Moreno, écrit et publié sans scrupules immodérés quant à la véracité des faits, dont je m'étais servi pour mener à bien ma comédie de mots. Mais ce Ruiz que j'avais devant moi était-il vraiment le Ruiz d'autrefois ? A mesure qu'il passait avec méthode d'une date à la suivante, d'un épisode à un autre, avec une pareille minutie j'observais sa figure, essayant de dénicher le détail irréfutable, plus persuasif que ce regard pénétrant qui m'avait frappé, et qui, seul, me garantirait que Ruiz était Ruiz.

La peau bistre et luisante de l'imberbe, l'implantation des cheveux – qu'il portait courts –, ne laissant qu'une place réduite à l'intelligence, étaient bien celles du camarade. Avec l'âge et la diffusion d'images de l'art d'avant l'Art, son visage primitif qui leur ressemblait tant, bénéficiant sans doute, désormais, de regards bienveillants. Mais lorsqu'il renonça à la prêtrise et regagna le monde, il dut connaître la terrible solitude de la laideur.

Sa contenance glaçait et, craignant l'effusion, plus encore que l'on s'en permît devant lui, il l'opposait fièrement à son interlocuteur. A l'aise sur nul sujet, il rendait sentencieux par le ton les dates et les lieux remémorés, négligeait délibérément de s'arrêter sur la conduite des prêtres, non enseignants, trop peu sûr de lui-même pour se dépouiller des manières apprises au séminaire, signes d'une foi de circonstance dont la crainte qu'elle suscite continuait à peser sur lui. Tout ce que l'on n'a pas accompli fait partie de la vie, et parfois lui apporte un surcroît de réalité. Ce que l'on a réussi ne nous appartient plus, ni longtemps à personne, mais au temps qui se consume et devient mémoire, rien d'autre que mémoire, avant de s'évanouir en vagues, anonymes métamorphoses.

Alors qu'il garde son débit dental de donneur de leçons, ses mains s'agitent tout à coup envolées, tel un couple de petits oiseaux rondelets et espiègles autour de sa figure. Soudain il s'interrompt, l'oreille alertée, le regard par-dessus mon épaule, et le voilà qui soulève avec précaution de quelques centimètres, le rideau opulent, sculpté. Les fenêtres donnent sur la rue, une vitre teinte à l'autre extrémité du salon.

Tendu, crispé, il baisse la tête pour regarder dehors et à l'instant se redresse, rassuré : « Ce sont des enfants qui jouent au ballon dans la rue, des bandits qui sèchent l'école ; l'autre jour ils m'ont cassé un carreau... » Il se rassied, les mains croisées sur la poitrine ; ses lèvres ont le tremblement des gens qui prient en silence.

Son élocution peu à peu devint moins didactique, le rythme plus lent, plus régulier. Jusque-là aux aguets et sentencieux, quelque profonde que fût sa peine au réveil de certains épisodes de sa vie religieuse ramenés par le récit, un ralentissement de telle ou telle syllabe, une phrase suspendue, et le visage qui se détournait, suffisaient à trahir le vieux garçon sentimental qui se méfiait du cœur. Et en même temps que son petit orgueil tiré à quatre épingles se relâchait, un mot m'atteignit comme une gifle : ce mot enfoui, ce mot de Ruiz à propos de mes poèmes d'adolescence, si juste et qui résumait ma propension à la mièvrerie : « Tu as une sensibilité incontinente. »

Oui, Ruiz était bien Ruiz, le Ruiz devant moi et le Ruiz du passé coïncidaient. Mais retrouvais-je vraiment en l'écoutant des souvenirs de notre commun passé, ou se formaient-ils en moi, instantanés et apocryphes, à mesure que le clerc décrivait une scène et que des fantômes s'y faufilaient, quelques-uns reprenant des traits, une figure ?

Ruiz m'avait raconté en détail notre séminaire, passant en revue les Pères et chacun de nos condisciples, sauf un : celui-là même dont je voulais maintenant retrouver le nom – et la tombe.

Vers la fin des années soixante, le Père Rodríguez qui, de passage à Paris, avait souhaité me revoir, l'avait évoqué. J'avais retenu qu'après son ordination, envoyé à Rome pour affûter sa théologie, il avait défroqué et, enfin, qu'il était mort en Suisse – mais non sans qu'il se fût confessé sur son lit de mort, avait-il souligné à mon endroit.

Lorsque jadis le Père Rodríguez me racontait ces faits, le nom effacé, perdu, m'était-il encore familier ? Pourquoi n'ai-je pas cherché à en savoir davantage ? Lui en voulais-je toujours ?

J'ignore à quel moment ce nom s'est éclipsé. Des années et des années allaient s'écouler avant qu'une manière de remords commence à forer la mémoire. Entre-temps, le messager, le Père Rodríguez, était mort.

Je fis remarquer à Ruiz l'omission du condisciple dont il ne me restait même pas le schéma rythmique du nom, ni l'initiale, comme il arrive lorsqu'un mot se dérobe. Ruiz décroisa les jambes, quitta son fauteuil, et se mit à allumer les lampes avec l'air pressé de qui a oublié son devoir. Leur lumière accentuait la prétention du décor, allait de pair avec l'odeur de renfermé mêlée d'un parfum ordinaire qui semblait rôder dans la pièce. Il se rassit, inscrivant son visage dans un rectangle de clarté qui frôlait son fauteuil. Il savait que j'attendais sa réponse, mais il demeurait impassible, ailleurs, les lèvres étirées, indécises – était-ce un sourire ?

Il pencha la tête et bien qu'il se fût repris illico, ce geste me rappela qu'il amorçait toujours ses observations d'une voix suave, teintée d'ironie, ce qui était en train de se répéter, avant de devenir tranchant : « Je n'en sais pas plus que toi... Tout juste ce que le Père Rodríguez t'a raconté. La communauté ne tenait pas à ce que la chose se répande, entends-moi, qu'il eût abandonné sa dignité de ministre de Dieu. On profita du fait qu'il était mort en Suisse pour attribuer à la tuberculose la cause du décès. Il y serait allé pour se soigner... Ce pourrait être vrai, mais je soupçonne que le fait de quitter Rome pour s'établir en Suisse n'a eu aucun rapport avec une quelconque maladie. La Suisse... Dans quelle ville, quel canton ? je l'ignore. »

Il se releva. Les mains dans les poches de la veste, ce qui faisait bomber davantage son petit ventre, les pouces dehors, il se livra à des allées et venues, marquant un bref arrêt devant chaque fenêtre, puis se plantant sec devant moi, avec emphase : « Notre plus grand écrivain repose dans un cimetière suisse. Il ne faut pas que cela puisse se reproduire.

— A Genève, à Plain-Palais, le cimetière des hommes illustres, précisai-je.

— Hector, dit-il, maintenant avec ce calme autoritaire dont on use pour convaincre un enfant : le pays a besoin de symboles. Ta place est ici, je ne veux pas dire que tu doives rentrer au pays, ta vie est ailleurs, mais, demain, ta place doit être ici, chez nous. Si j'ai souhaité que tu viennes à mon cabinet, dans mon étude de notaire, c'est que j'ai promis aux autorités... aux plus hautes autorités de ta province de Córdoba, de te demander... Soyons clairs : de me dicter tes volontés, tes dernières volontés. Naturellement, il ne s'agira pas de tes biens, si tu en possèdes, mais de léguer ton corps au pays qui t'a vu naître. Sois indulgent, accepte ma franchise, nous parlions de la mort en ces termes, souviens-toi, quand nous étions à peine adolescents... et croyants. Même du point de vue littéraire, ajouta-t-il d'un ton mielleux qui se voulait séduisant, ce serait un dénouement impeccable. Comment dites-vous en France ? “ La boucle est bouclée ” ? Hector : il faut que la boucle soit bouclée. »

On eût dit que son prêche, souligné de gestes évangéliques tendant à rendre mon assentiment inéluctable, l'avait précipité aux extrémités de son âme, haussé au comble de son destin. Mais il portait si loin sa morgue où affleurait sans cesse le ridicule que, étant passé à une vitesse de kaléidoscope de la surprise à la colère, du mépris à l'indifférence, je me limitai à sourire – d'un seul côté, à la manière argentine – essayant de me ranger à la sagesse, celle qui consiste à freiner l'élan pour que l'esprit ne soit pas entraîné par les nerfs – la sagesse que je n'atteindrais jamais, dont l'exemple me fut donné par la femme qui n'avait lu aucun livre, l'homme qui les avait tous lus, et le jeune écrivain qui connaissait, à quelques semaines près, la date de sa mort.

Je ne m'attendais pas le moins du monde à pareille demande, pour ne pas dire à pareille offensive. On peut dépister les travers des gens en les observant, rarement leurs intentions, même lorsqu'ils vous entretiennent d'une affaire qui vous concerne. Il était peu probable que des gens haut placés eussent délégué Ruiz pour me soumettre un tel projet de nécrophilie patriotique, sans crainte de susciter un esclandre. Et je ne croyais pas que mes frères et sœurs, en dépit de leur sens de la famille, eussent partagé le souhait de Ruiz : vivant, je les rapprochais de l'Europe d'où ils venaient; mort, ils auraient l'illusion que je les y rattachais, eux, et, pour quelque temps, leurs enfants.

Fatigué, le visage lisse à en paraître luisant, Ruiz semblait déconcerté, inquiet, craintif. Je m'étais levé pour partir, en lui disant, d'un air pensif, appliqué, que j'allais réfléchir. Sur le pas de la porte, presque suppliant, il me serra l'avant-bras : « Il y va de l'identité du pays... »

J'éprouvai de la peine, et une certaine envie de rire.

Derrière lui, l'enfilade de rideaux juponnés telles de présomptueuses menines. Au fond, le bureau habillé tel un catafalque. Partout des flaques de lumière jaune sur le tapis.

« Notre pays décline par manque d'identité. Tu peux changer les choses, combler ce vide, en es-tu conscient ? »

J'avais accepté l'invitation de Ruiz dans l'espoir de déterrer le nom de l'ami disparu, ces deux ou trois syllabes détachées de ma mémoire comme d'une stèle corrodée, et je partais avec le poids irréel de ce mot que le monde entier brandit pour un oui ou pour un non – rien que le poids de ce mot imbécile dans la tête, sur le cœur, dans les poches du pardessus : identité.

35

Quelquefois pour longtemps, des mots réussissent à faire la loi. Vous, sans trop y penser, vous avez dit : « Identité, c'est un problème d'identité », et votre interlocuteur, qui l'a saisi au vol, le fait sien, s'étonne de sa justesse, le mot gonfle dans son esprit, s'ébroue, bat des ailes, c'est un mot usuel, anodin, mais, ainsi employé, comme vous vous en êtes servi pour donner un contour à une situation instable, à ce malaise, à cette confusion, à la menace d'un continent, il s'avère irremplaçable : il englobe si entièrement le problème, qu'on peut prendre celui-ci avec calme, au risque de ne rien faire pour le résoudre. Vous le répétez à l'entour et bientôt par milliers les messagers des bonnes et des mauvaises nouvelles le répandent.

Qu'en dis-tu, Ruiz ? Tu marmonnes, tu grommelles, tu parcours en long et en large ton salon, en grommelant. Tu insistes, demain tu te montreras plus explicite, tu me rediras de façon laconique, d'une voix ferme, sans ambages et au moyen de mots choisis, soupesés, que je suis venu apporter un peu de réalité à notre pays.

Je t'entends, Ruiz, je t'écoute : cette façon de souligner le mot « notre » ne m'a pas échappé, tu lui en as fait un sort. Pourtant, je te l'ai déjà dit et répété : je suis fatalement argentin : aussi loin que j'aille, je ne serai pas sorti de la plaine. Mais sais-tu, Ruiz ? le doute, de tout un chacun, de son identité, fait partie de l'identité argentine... Et voilà que, deux fois de suite, le mot abhorré a franchi mes lèvres. Ta chère identité s'élargit à toute chose, au tango dont toi et tant d'autres cherchez les origines, tandis que pour le reste de la planète le tango n'est qu'argentin – au même titre que ce sourire qui fend d'un seul côté le visage, ou cette grave curiosité qui classe toute chose, toute connaissance acquise, dans les archives de la mémoire, alors que dans les pays du Vieux Monde, repus de leur propre culture, on vit sans trop y penser et en oubliant beaucoup.

Ruiz, tout ou presque nous est venu d'Europe et nous sommes, comme disait, je crois, notre commune idole, des Européens en exil. Tu supportes mal qu'un pays ait cherché à ressembler à l'Europe, ou, désormais, à la puissante Amérique du Nord... Ce qui ne ressemble à rien n'a pas d'existence ; c'est la reconnaissance de l'étranger, du voyageur, qui certifie l'identité. Avoue, Ruiz, au fond, le destin migrabond de l'Argentin, que le sort a voulu qu'à mon tour j'incarne, t'embarrasse, bien que tu penses que la mort fera de moi une personne convenable.

A moi de pérorer aujourd'hui : l'identité est un problème qui n'existe qu'en paroles, elle réside dans le corps, notre corps et notre identité se fondent l'un dans l'autre. On le perçoit très peu, le propre corps, on s'en tient à une idée approximative ; les miroirs nous en renvoient des images partielles et on tend à l'oublier tout en prenant soin de lui. On l'oublie, mais jusqu'au moment où l'un des organes manifeste un désaccord, rompt l'harmonie de l'ensemble enchevêtré, sa mystérieuse discipline. La souffrance nous le rend présent et, dans l'amour, le corps de chacun prend toute la place dans la pensée de l'autre. Nous avons beau connaître les planches d'anatomie, le nom et la fonction des os, des membranes, de tout ce qui suinte, s'articule, enrobe, coule, accomplit sans trêve sa tâche, l'intérieur du corps reste inatteignable, infiniment éloigné de l'âme que la douleur effarouche et la jouissance anéantit.

Me croiras-tu, Ruiz ? Il y a une dizaine d'années, de passage à Cumiana, la petite ville du Piémont où mon père est né, je demandai au maire, devant la ville au grand complet, de me réserver deux mètres carrés de terre dans le cimetière. Plus tard, je crus comprendre la raison de ce faux pas sentimental : l'illusoire achèvement posthume d'une vie conçue comme un roman. Ton argument pour me gagner à tes fins, tout à l'heure, n'était pas le contraire. Mais d'où viennent-ils ces mots qui arrivent avant nous, que nous nous entendons prononcer – que je me suis entendu prononcer à la fin d'un banquet, pour clore un jour de fête à Cumiana ?

36

La ville fêtait un inconnu qui venait d'obtenir un prix à Turin. Il était le fils, oui, le fils d'un enfant du pays, émigré avec ses parents jadis, comme tant d'autres familles, de leur chère, minuscule vallée. C'était au tournant du siècle, personne ne savait au juste en quelle année.

Je n'étais pas encore habitué à jouer le rôle de l'inconnu qu'on célèbre, auquel des fondations culturelles décernent des distinctions dans le dessein de glaner quelque prestige et justifier leur propre existence.

Les souvenirs de cette journée se sont figés en blanc et noir, du fait, sans doute, qu'à mon arrivée, lorsque la voiture s'arrêta en bordure de la place de la mairie, j'eus l'impression de pénétrer dans l'un de ces films néoréalistes qui avaient autrefois distrait l'adolescent de sa ferveur hollywoodienne : en ligne sur trois rangs, la très fournie fanfare déchaînait à l'instant où je fis claquer la portière, un boucan de cuivres patriotiques s'exerçant à contrefaire une tempête. Derrière, les musiciens, le village ; devant, le maire et le curé, tels Gino Cervi et Fernandel dans *La Grande Bagarre de Don Camillo.*

Cumiana était là, les yeux fixés sur celui qu'on lui amenait la tête ceinte d'une couronne chimérique, dont elle partageait l'éclat, et dont, attentive à préserver le moindre mot qui tomberait de ses lèvres, elle propagerait demain les exploits. Aussi passeraient-ils de bouche à oreille et de génération en génération, une photographie du fils prodigue attestant, dans la salle à manger de l'une ou l'autre des maisons, son passage, afin que l'on garde présent à l'esprit que la vie n'est pas toujours la vie terre à terre de la commune, tout un chacun pouvant bénéficier du même privilège que l'inconnu, car le destin dépasse la nature.

Je connaissais Don Adriano, le curé. Je m'étais entretenu avec lui toute une matinée, quelques années auparavant : imitant l'oiseau de la mythologie qui vole en arrière pour savoir d'où il vient, je m'étais rendu à Cumiana, vingt-neuf ans après ce 4 avril 1955 où j'ai débarqué à Naples – sous d'autres constellations que celles dont mon père m'apprit les noms une nuit d'été. Nous étions tous deux étendus sur une natte de raphia aux motifs décolorés, sur cette terrasse de brique où, la veille de ma visite à Ruiz, j'avais fait la connaissance des Chirieleison et entendu le récit de l'Iguane. Je me souviens de cette nuit miraculeuse ; je me souviens de la lune sacramentelle qui montait, du moment où je réussis à discerner le Petit Chariot, de mon étonnement en entendant le père donner des noms aux étoiles, mais cela pourrait être un rêve : comment imaginer que le père fût en paix et lui et moi étendus côte à côte ?

A cause de ma persistante défiance à l'égard des liens de famille, je ne connaissais jusque-là, du Piémont, où mon patronyme est commun, que Turin.

Après mes vagabondages italiens et l'indigence des années espagnoles, deux décennies s'étaient déjà écoulées depuis mon arrivée à Paris où, tout en écrivant mes premiers livres dans la langue de mon enfance, j'essayais de gagner ma vie en français, d'abord rédigeant des rapports de lecture, ensuite des chroniques littéraires, apprenant ainsi peu à peu à écrire la langue que j'avais appris à lire pour atteindre, en simple lecteur, à ma littérature d'élection que je voulais aborder sans médiation. Et ce fut après plus de vingt ans de lutte pour préserver, d'une part, la langue d'origine, et, d'autre part, pour conquérir celle du rêve ancien et du besoin immédiat, que je m'engageai dans ce labyrinthe épars qu'est à mes yeux un roman, n'apportant, en guise de présent, qu'un imaginaire venu d'ailleurs.

Au bout de quatre mois de travail régulier où, dans l'exaltation et avec force scrupules, je tâchais de changer mes fantômes en personnages, au moyen de mots assemblés avec soin, la langue d'enfance qui s'était éloignée au fil des ans de ma pensée et de mes rêves de dormeur, désormais perdue, me laissa seul en proie à la crainte que celle que j'aimais ne me rejette.

Ce fut la seule fois où je m'arrêtai en plein élan, et non pour réfléchir, opération étrangère à ma nature, mais pour forcer le sort à agir de concert avec mon désir. Aussi étais-je allé à Cumiana comme on allait interroger la pythie, du temps où l'on cherchait encore la trace des dieux.

Jusque-là, donc, ma langue natale, l'espagnole, et celle de mon aventure littéraire. Mais il y avait à l'arrière-plan cette autre langue que le père et la mère parlaient entre eux, peut-être pour préserver leur intimité et échanger des secrets. Ce n'était pas une langue, c'était un dialecte, si l'on convient que la différence entre l'une et l'autre dépend moins de leurs possibilités d'expression, que du surgissement d'un génie qui transfigure le dialecte en langue.

Le dialecte de la mère et du père, à mes oreilles un bourdonnement de sons fermés, tout enveloppé d'un chuchotement fluide, fut pour moi et pour les frères notre langue interdite : le père et la mère avaient souffert de ne pas bien parler la langue de leur pays d'adoption et, dans une région sans écoles à des lieues à la ronde, ils déléguèrent à des instituteurs de fortune le soin de nous aider à devenir de vrais Argentins.

Lors de mon premier voyage à Cumiana et de notre première rencontre, Don Adriano me frappa et par son aspect chétif et par son regard omniscient.

La soutane s'arrêtait juste sous le mollet et ses pantalons à fines rayures, à la cheville – de la maigreur des poignets, contrastant avec les bottillons à bouts ronds disproportionnés, relevés comme la trogne d'un paysan bourru. Or, plus encore que sa mise parachevée par un couvre-chef qui tenait du bicorne en petit format m'avaient impressionné ses longs cheveux, d'abord par la symétrie de leur ondulation à partir de la raie médiane, ensuite et davantage, par la couleur entre le châtain foncé et le lie-de-vin : lorsqu'il se tourna vers l'armoire des registres, la lumière de la petite fenêtre au-dessus de sa tête dévoila leur qualité synthétique.

Se guidant sur mes suppositions, Don Adriano se limita à sortir deux registres des années quatre-vingt, trouvant en quelques secondes l'acte de naissance et de baptême du père. Nous étions le 4 novembre 1984 ; à quelques jours près, il était né un siècle avant.

Don Adriano lut avec attention ou plutôt déchiffra l'écriture tremblée et ornementale du scribe, s'arrêtant soudain, le sourcil haut levé, l'œil ardent, émoustillé par le patronyme de ma grand-mère, Gontero – qui renvoie à Gunther, allemande donc par ses origines, lombarde sûrement, comme bien d'autres gens de Cumiana. Et de prendre un registre antérieur où l'extrait de mariage de Cecilia Gontero ne fut pas long à être déniché, Don Adriano relevant à l'instant une erreur, j'ignore laquelle, qu'il s'empressa de corriger, biffant un nom, y ajoutant un autre dans la marge, cent vingt ans plus tard, avec le sérieux toujours un tantinet malin du précepteur corrigeant la faute de l'élève. Puis il eut un sourire béat, et ensuite malicieux : « Gontero, Gontero... Vous aurez une très belle surprise tout à l'heure... » Et son âme de généalogiste en paix, il m'invita à faire un tour dans l'église. J'y verrais la chapelle de Maria Bambina où le père avait reçu le baptême. Et aussi, derrière le maître-autel, deux sculptures dans leur niche, deux personnages, une main distraite sur les cordes de l'un de ces instruments de musique dont se servaient les aèdes et avant eux Apollon et Euterpe, cithare, luth ou lyre, appuyés sur la hanche.

Ce n'était pas une prouesse de deviner le roi David dans la figure que le drapé de marbre rendait d'une corpulence sans doute imaginée par l'artiste comme une métaphore de la grandeur ; mais que l'autre sculpture représentât la sibylle de Cumes me surprit, pour des raisons touchant à la religion, et pour la parenté, évidente alors à mes yeux, entre Cumes et Cumiana.

Je fus instruit de ma fantaisie étymologique, et déçu : au XVIe siècle, et davantage au XVIIe, l'Église béatifie et canonise à tour de bras – c'est l'expression utilisée par Don Adriano – les mystiques familiers des transes et des visions, les illuminés, sans trop s'assurer de leur condition de chrétiens, battant en outre le rappel de certaines figures de l'Antiquité que, faute de pouvoir les élever à la dignité de l'autel, on accueillait dans les églises afin que toute personne ayant eu commerce avec le divin participât à la religion du Christ, au bénéfice de l'unicité de Dieu, et à l'universalité de l'Église.

Ensuite, Don Adriano, pinçant ma veste à la hauteur du coude, m'entraîna vers le fond de la grande nef, d'où, avec lenteur, nous en avons gagné le milieu, la tête levée : une vaste et peu séduisante fresque représentait l'*Annonciation*, tout entourée de nuages et d'angelots. Et soudain une main sur mon épaule, la voix émue : « Saviez-vous que la jeune fille qui a posé pour la Madonine était la sœur de votre grand-mère Gontero ? »

Don Adriano était heureux, ses yeux d'enfant malin brasillaient, et je regrettais le plaisir que mon père n'avait pas eu, d'apprendre la chose, tout en me disant qu'il avait mieux valu qu'il l'ignorât. Don Adriano eut un petit rire : « Elle était très jeune et de santé délicate. A vingt ans, elle passa de ce ciel peint au Ciel. »

37

Ce premier voyage au Piémont où, mystérieusement, me conduisit l'espoir d'y puiser le réconfort indispensable au bon cheminement du premier roman engagé dans le labyrinthe de la langue française, procura le dénouement de l'histoire, vers lequel allait tendre mon travail : j'avais un point d'arrivée.

Il est probable que la description du vieux petit curé féru de généalogie brossée dans mon ouvrage abonde en détails ayant composé un personnage enrichi par la liberté de la fiction, laquelle n'a pas partie liée avec la vérité perceptible, mais avec la vérité qui dépasse la réalité immédiate : les mots en rassemblent les bribes disséminées ici et là – un regard, ce nez agressif qui jure dans la douceur d'un visage, un blasphème dans la bouche du confesseur, cette voix qui ruine la beauté d'une personne jusqu'à nier son âme... – et la cueillette de détails façonne un caractère, comme, couche après couche, la nacre s'arrondit en perle.

Il est même vraisemblable, car il y a de la cruauté chez le romancier, et du cancan, que mon narrateur ait omis d'ajouter, à propos de la perruque de Don Adriano, qu'il la portait pour ne pas gêner ses ouailles en leur imposant la vue de ces vésicules suintantes, de l'eczéma qui débordait le contour ondulé de sa coiffure sur les tempes.

Je cultive un jardin exigu et je ne relis pas mes livres une fois publiés. Le moment arrive où l'on se sent à distance de la vie déjà vécue ; alors on fait des bilans, on se consacre à la pesée des convictions, on aspire à doter ses pensées de la pérennité d'une forme. On est convaincu que, à tel ou tel degré, les pensées et les sentiments, surtout les sentiments, tous les hommes les partagent ; on explore ses propres expériences ; et cet événement unique qui fut le fondement de notre existence, ne nous appartient plus, il n'est qu'un lieu de passage obligé pour approfondir, pour affiner notre dessein, qui est de laisser derrière nous quelques phrases que quiconque, un jour donné, puisse reprendre, quand notre voix se sera tue.

Ai-je l'air de revenir par complaisance envers moi-même sur mes brisées ? Je n'y reviens que pour fournir un point de repère à l'imagination ; je sacrifie mes pensées à la justesse d'une cadence ; je sais qu'elles peuvent devenir la vérité ou le plaisir de quelqu'un d'autre. Les répétitions du scribe sont les variations du musicien. Son intention ne comptera pas, mais le lointain écho d'un écho.

C'était donc un jour de fête à Cumiana, et c'était moi que l'on fêtait.

38

Des tables généreuses nappées de damas blanc, débordant de victuailles, disposées contre le muret qui ferme la piste de danse flambant neuve à en juger par le pavage rutilant, intact : une rotonde à dôme de bois posé sur des poutres que nulle paroi ne relie. Je me dis qu'on ne doit y danser que l'été, si l'on songe au soleil avaricieux de la contrée, à l'assiduité du brouillard.

Par groupes en apparence dispersés, mais avec discipline et non sans pompe, tout en préservant une certaine familiarité, nous avons fait un tour à la mairie et maintenant nous remplissons la rotonde; mais il n'y a pas de place pour tout le monde et une partie de l'assistance se hâte d'atteindre le muret de l'extérieur; ils y montent et, derrière eux, par rangées, en regard de l'estrade où je me place à côté du maire, ils sont là, les gens du village, en ordre, avec solennité, presque en silence. Ils sont là et ils attendent, comme au théâtre. Ils attendent ce qui va se passer. Et leur visage est prêt à moduler ses expressions, selon les paroles, les gestes de ceux qui sont sur l'estrade.

Le soleil s'éloigne. Aujourd'hui, les nuages du matin évaporés, il a fait très chaud. La ceinture des collines semblait aplatie, sans relief, avec des couleurs d'ardoise mouillée – une toile de fond rongée par d'innombrables représentations. Aux autorités turinoises, à celles des six provinces du Piémont, se sont ajoutés les Piémontais venus des Amériques, de l'Australie, de la Côte-d'Ivoire.

Oui, le soleil décline.

Le maire, qui n'a pas le don de l'éloquence, lit un petit discours. Je lui serre la main qui serre la mienne, la secoue, s'y abandonne et enfin la lâche quand les gens ont fini d'applaudir. Un employé de mairie déplace un micro, le plante devant moi, et me voilà en train d'évoquer la geste des émigrés qui vers la fin du XIXe siècle débarquent sous la Croix du Sud ; et qui, bravant les étendues vertigineuses, y inventent l'agriculture dans des terres vierges depuis le commencement du monde.

Lorsque, sans le vouloir, par pur sens de l'efficacité, en posant avec énergie le micro devant moi, l'employé m'avait demandé de répondre à l'allocution du maire, j'avais ressenti, sans toutefois en prendre conscience, une sorte de mise en branle au fond de la bouche, dans la gorge, comme si la voix cherchait à se libérer des muqueuses pour se placer à la hauteur voulue, adoptant le timbre propice à susciter l'émotion, le locuteur affectant le flegme – tandis que la mémoire, ou le cerveau, passait en revue les moments d'une causerie répétée à satiété, jusqu'à l'écœurement, devant des auditoires dont la diversité modifie mes inflexions de voix et, partant, le sens du récit. Et ces opérations infinitésimales s'étaient effectuées à mon insu et à la vitesse que l'on attribue à la lumière. Si nous savions ce qui se produit sans trêve en nous, la vie qui par nature s'y tisse et s'y démaille, nous connaîtrions une fois pour toutes les lois et les manières de l'univers.

Je leur dis que la première génération est disparue sans soupçonner son apport à l'affermissement de la jeune, de la vulnérable patrie qui commençait à être la leur : qu'il est fort ce courant qui passe de moi à l'assistance et qui de l'assistance me revient, comme un coup de gong insonore dans un rêve. Soudain, un flottement dans l'assemblée me trouble : ils échangent des regards, ils savourent l'émotion qui se répand en cercle, embrase les gens debout sur le muret. On dirait que les cuivres scintillent impatients lorsque les musiciens bougent. Et dans l'intensité extrême du silence, une femme habillée en noir, un châle léger sur les bras nus, me tend une photographie glissée dans un passe-partout tout plein de taches brunes : il s'agit d'une photo de mariage. Le couple est très jeune. Le fiancé a posé l'avant-bras sur la jardinière qui les sépare ; la fiancée, le bout des doigts. Elle porte les cheveux ramassés en un chignon haut ; un flot de tulle illusion tombe sur ses épaules, sur la robe, noire comme celle de ma mère, dans une photographie similaire. Une sorte de brouillard, dû à l'appareil rudimentaire ou à l'impéritie du photographe, monte du sol, les entoure, les efface jusqu'à la taille.

« C'est ma grand-mère, sœur de la vôtre, oui, de la mère de votre père. »

Une Gontero, donc, cousine de la Vierge Marie de la fresque, cette grand-mère que nous n'avons pas connue, ni moi ni aucun de mes frères et sœurs ; celle qui, selon Armando, aimait tant la lecture, et par-dessus l'épaule de laquelle le père aurait appris à lire.

Le soleil s'enfonce derrière les collines, tout d'un coup d'encre contre un ciel d'or. Les tubes fluorescents de la rotonde s'allument. Le soleil va toucher la ligne médiane de deux hémisphères, le monde se partage en deux.

Je récite le nom de nos voisins, là-bas, à la campagne. Je me souviens d'avoir trouvé les mêmes sur les pierres tombales du cimetière lors de ma première visite à Cumiana. Maintenant que je les énumère, les gens ont des sourires mélancoliques et se regardent en hochant la tête. J'étais venu à Cumiana, avais-je fini par croire, pour déposer ma langue natale sur le lieu de la naissance du père. Ma langue natale, la langue imposée par lui, avec raison, car il la savait indispensable à notre avenir dans la terre d'accueil – mais elle était restée pour moi la langue imposée par lui.

C'est alors, Ruiz, que parcourant du regard l'assistance, puis me tournant vers le maire, je demandai deux mètres carrés au cimetière de la ville, juste deux mètres carrés de terre piémontaise. Je ne crois pas que cette demande ni les dispositions prises devant notaire soient dues à mon regret que le père n'ait pas soupçonné le sentiment de réconciliation éprouvé par son fils au cours de son bref séjour à Córdoba, un an avant sa mort, durant lequel il l'entretint toute une semaine de son passé.

Décidément, Ruiz, j'incline à croire avec toi, et en accord avec la fable que jadis je m'étais racontée, que c'est la littérature qui a plié les choses à sa loi, qui est d'ordonner les faits en vue d'une conclusion satisfaisante – en l'occurrence, de pourvoir mes déambulations d'un épilogue pouvant être déduit de mes dernières volontés, auquel reviendrait la tâche de me relier symboliquement, de me relier moi, encore moi un moment avant la terre et le néant, au père, enfant de Cumiana, ce père que j'ai laissé derrière moi avec la plaine et la langue et le pays tout entier, dans l'espoir de me sentir un jour chez moi, dans ce pays dont j'ignorais encore le nom, mais dont je sentais dans mon cœur, dès mon enfance, que j'y trouverais une demeure stable au seuil de la destinée.

Ruiz, la clause du testament qui avait trait à Cumiana fut révoquée il y a déjà longtemps, et pas au bénéfice d'une autre, il n'y aura plus d'autre, il n'y aura plus, de ma part, de ces enfantillages.

Te souviens-tu, Ruiz, de ce jour où moi, qui me targuais de mes premières gammes en français, j'annonçai à notre petit groupe d'adeptes – mais seul toi t'y intéressas – que le mot « sagesse » n'avait pas d'équivalent exact en espagnol, où le mot *sapiencia*, le seul juste, est inusité, et *sabiduría* ou *discernimiento* infidèles.

Je sais que le mot français nous dévoila le chemin lent, très lent, exigeant une infinie patience, mais le vrai chemin de la sainteté. Les fulgurances de celle-ci nous semblèrent soudain légendaires ; aussi nous sommes-nous mis à rêver de la sagesse dont les exemples donnés par un vieux dictionnaire nous conviaient à un effort franciscain de chaque instant.

Je suppose que, de temps en temps, tu y penses, et que tu refrènes ne serait-ce que ton impatience. Tard dans la vie, je bénéficiai d'un exemple singulier, constant, sans faille. Si tu t'es penché sur mon épaule et as suivi des yeux les pages qui précèdent, tu as sans doute remarqué dans un recoin, car le mot « sagesse » y revient, mon allusion à un jeune homme qui, à quelques semaines près, connaissait la date de sa mort.

Je tiens à te raconter un peu de son histoire, ou, plutôt, ce bout de son histoire où je suivis ses pas fermes vers la mort. Prends ce récit comme une offrande aux jours jadis. Il commence par le livre d'un inconnu et par le commentaire qu'un autre inconnu lui consacre dans un journal. Il y a un lien, tu verras, entre la fin de son histoire, et mon refus de désigner la place de ma sépulture.

39

Qui aurait dit que l'auteur de ce livre de peu de pages qui m'amena à parler de leçon d'anatomie, de morale délogée du récit, d'éclairage de bloc opératoire, et à évoquer, faute d'une métaphore satisfaisante, les écorchés de Valverde et de Gautier d'Agoty, deviendrait un jour, à son insu, ce modèle de sagesse auquel je pense, Ruiz, comme à ma mère et à Borges, pour m'aider à rentrer en moi quand la colère déborde, ou apaiser des angoisses.

Depuis ce jour de 1988 où il eut confirmation de sa maladie, dont il aura guetté, fasciné, la stratégie et les caprices, il est resté fidèle à l'image qu'il m'avait donnée de lui et qu'il souhaitait sans doute voir primer dans ses livres, les accompagner après sa disparition : celle d'un homme passé en douce dans la trentaine, qui considérait sa vie et dessinait son contour, ainsi que, parvenu au sommet d'une montagne, le pèlerin tâche de figer le paysage, de le mettre à l'abri des retouches constantes de la lumière.

Il était porté par le désir de libérer en lui toutes ces énergies qu'un lieu, ou un milieu peu propice au développement des unes et des autres, a mises à l'écart : un jour, l'un des êtres possibles en nous s'est imposé, on est devenu lui, un et seul, le toujours solitaire qu'il faudra conforter tout au long de son existence, défendre des personnages jadis en puissance, qui voudraient remonter à la surface, entrer dans la bataille : les peurs qui nous assaillent sans que l'on puisse déterminer leur origine, que sont-elles d'autre que leurs cris étouffés ? Ils bougent, les refoulés de l'existence, ils se retournent, ils rampent au plus profond de nous, et parfois s'éveillent.

Une volonté inexorable d'être aussi complet qu'on peut l'être guidait le jeune homme, ravivant chaque jour la sensation de vivre. Le goût de décrypter les mécanismes du corps et de l'esprit l'aiderait à surmonter, le moment venu, sa condition de damné de la maladie : « C'est vrai, écrivit-il, que je découvrais quelque chose de suave et d'ébloui dans son atrocité, c'était certes une maladie inexorable, mais elle n'était pas foudroyante ; c'était une maladie à paliers, un très long escalier qui menait assurément à la mort, mais dont chaque marche représentait un apprentissage sans pareil, c'était une maladie qui donnait le temps de mourir, et qui donnait à la mort le temps de vivre, le temps de découvrir le temps et de découvrir enfin la vie. »

40

Je l'ai rencontré chez une amie commune, après que j'avais publié quelques lignes à propos de son premier ouvrage, *La Mort propagande*. Nous n'avons pas échangé un seul mot ce soir-là, aussi n'ai-je pas entendu sa voix, cette voix qui ne changeait pas d'état d'âme, au timbre plein, d'une couleur sombre uniforme et si grave qu'elle l'obligeait à froncer ses lèvres pour bien arrondir les voyelles. J'avais ignoré sa voix et son débit de basse continue, d'une lenteur homogène, exempte d'illuminations nerveuses, de perturbations émotionnelles, jusque vers la fin, quand il décrivait avec minutie ses misères.

Il voulait que son comportement durant la longue et lucide attente de la mort fût irréprochable. Et il fallait que quelqu'un puisse en témoigner. Une seule fois, il eut en ma compagnie un mouvement d'impatience, à peine ébauché : il en avait assez de surveiller les manèges, les ruses du virus ; il voulait que celui-ci quitte son corps, et sur ce mot il tourna la tête comme pour le voir partir.

Il avait donc vingt-deux ans quand je le rencontrai. Nous étions face à face, séparés par une vaste table basse de marbre, chacun enfoncé dans un fauteuil à armature de métal qui retenait un carré de cuir, lequel gondolait au moindre mouvement, nous clouant dans une pose de dignité extravagante.

Ainsi que sa voix, qui me demeurait inconnue, des années allaient s'écouler sans que je puisse imaginer le corps sur lequel reposait sa très belle tête. Ce soir-là, j'étais parti le premier. Il s'était redressé sans réussir à s'extraire du siège pour me serrer la main. J'ignorerais donc aussi sa taille, son allure, cette façon de marcher très droit, à grands pas qui m'eût révélé son caractère presque autant que sa voix. Grand, élancé, il avait des épaules levées, dans une attitude qui évoquait l'indifférence ou le mépris, ce qui contrastait avec l'expression du visage.

Toute tentative de description de ses traits, à l'époque, ne pouvait que rendre ridicule le plus sobre des observateurs, car il était difficile de faire fi de ces analogies qu'on risque toujours, par distraction, d'établir, entre la carnation lisse, laiteuse du visage et une matière veloutée. Aussi, dans son cas, la masse de cheveux bouclés pouvait-elle mener loin dans l'histoire de la peinture.

41

Nous ne nous sommes revus que vers la fin de 1980, à moins que ce ne fût qu'au tout début de 1981. Nous nous sommes croisés sur le boulevard du Montparnasse, un jour d'hiver, glacial ; le vent cinglait, féroce ; nous avons échangé quelques mots, nous mettant de profil pour nous entendre. Je m'aperçus que son nez était busqué, ce qui n'apparaissait guère vu de face. Il pressait contre sa hanche une vieille serviette qui avait dû être son cartable, pleine, imaginai-je, de manuscrits. Songeait-il à la maison d'édition qui m'employait ? Je pourrais jouer les intermédiaires. Lorsqu'il se décida à prendre contact avec moi, cinq ans étaient passés et cinq livres parus ailleurs. Le jour de notre rencontre sur le boulevard du Montparnasse, il avait signé trois contrats pour dix-huit ouvrages : six romans, six récits ou recueils de nouvelles, six essais.

Quelques mois plus tard, il m'envoyait *L'Image fantôme* ; la dédicace manuscrite, si elle confirme mon souvenir, me rend perplexe : « Ce livre dont je vous ai parlé un jour de grand vent devant la librairie Tschann a enfin trouvé un éditeur... »

M'avait-il proposé ce livre et lui avais-je laissé entendre que l'éditeur hypothétique se montrerait réticent – si d'emblée il ne refusait pas un recueil de textes ayant trait à la photographie ? Je ne m'en souviens pas. Si cela a eu lieu, on le saura un jour dans son *Journal*. Aujourd'hui, ce sont les points de suspension prolongeant la dédicace comme pour me rappeler ce que je n'aurais pas été capable de mener à bien qui m'intriguent – ces points de suspension qui n'étaient pas dans sa manière, il ne les utilisait jamais, de même que, dans la conversation, il ne laissait en suspens ses phrases ni ne ralentissait le débit pour faire un sort à tel mot ou en insinuer tel sens voilé. Basse continue, pulsation ténue de boussole – l'interrogeait-on ? il vous écoutait, mais renvoyant sa réponse à plus tard, il poursuivait son récit, infiniment courtois, cohérent, inflexible.

Il arrivait qu'il me racontât en détail un incident, une aventure, une menace, un danger pesant sur lui, quelque chose d'inquiétant, de terrible, parfois de très beau – son apprentissage de la nature à Rome, les pins parasols de la Villa Médicis, les parfums. J'aimais l'entendre, et avec une attention accrue du moment où je retrouvais, transcrit sinon mot à mot, de façon très précise, dans un ouvrage ultérieur à telle ou telle rencontre, l'épisode dont j'avais suivi le récit souvent haletant : il voulait mesurer la vraisemblance d'une situation, l'efficacité d'une scène ; il répétait devant moi, au sens théâtral du mot, comme sans doute devant ses amis très proches.

On trouve dans son œuvre publiée la description du prélèvement qu'il subit dans la gorge. En prévision de la douleur qui ne pouvait qu'atteindre au fil des heures, après l'intervention, à l'intolérable, le chirurgien lui avait fourni des gélules d'opium. Étions-nous pressés ce soir-là ? Ce qu'il me dit fut laconique, alors que la version écrite tient compte de la succession de contretemps survenus dans le bloc opératoire et abonde en notations marginales.

Il est probable qu'il ne m'ait confié qu'un résumé après avoir écrit la scène, une variante propice à la transmission orale : il s'était donc soumis à cette intervention chirurgicale ; ensuite, il était allé manger des huîtres à La Coupole ;

et, rentré chez lui, la douleur, déjà intense, n'avait cessé d'augmenter, sans commune mesure avec les souffrances ressenties jusque-là, depuis son enfance : une douleur plus grande que le corps, vaste comme le monde.

Je crois que dans son livre il n'a pas retenu la coïncidence du lever du jour et de l'effacement de la douleur ; cela a dû lui paraître emphatique. C'était la réalité qui avait enjolivé son effort, mais le lecteur y verrait une complaisance de littérateur, s'il avouait que, défiant la douleur, il s'était mis à sa table de travail et avait écrit jusqu'à la vaincre. Il tenait à s'acquitter d'un devoir : attester que la douleur à son paroxysme peut être domptée, et que l'on ne dépend pas toujours du fonctionnement du corps.

42

Déjà à ses débuts sa hantise d'écrivain était de piéger la vérité tapie derrière les apparences, ainsi que ce que l'œil voit et que l'oreille entend. Selon lui, pour y réussir, il convenait d'oublier le souci du style, lequel dressait, à ses yeux, une vitre embuée séparant l'écrivain du lecteur. Il n'entendait pas par là se permettre et moins encore encourager la négligence : il refusait l'anxiété décorative, condamnait ses écrits lorsqu'il en décelait, s'appliquant à réduire toute distance entre ses expériences et la version qu'il confiait à la page. Il pouvait reproduire une longue scène jouée par plusieurs personnages, et à laquelle il avait assisté, avec une précision photographique. J'en fus le témoin, ou l'un des acteurs.

Dans *L'Image fantôme*, son deuxième ouvrage, il désigne comme écriture photographique celle de Goethe dans son *Voyage en Italie*, composé par l'auteur plus de vingt ans après avoir parcouru la Péninsule, et le reste peu avant sa mort, à partir des lettres envoyées à ses amis et des notes de son *Journal*, que souvent il ne voulut pas corriger, car il y trouvait « la première impression qui est toujours précieuse, parce qu'elle est la plus vraie ». Et Guibert d'affermir son sévère art poétique en opposant le dynamisme du paysage saisi en un instantané par Goethe dans son *Journal*, au montage de plusieurs souvenirs de paysages dans *Les Affinités électives*.

Certes, l'écrivain ni le peintre ne se préoccupent du style : ils l'engendrent et leur travail le manifeste. Aussi paraît-il possible que le style consiste pour l'essentiel à éluder les perceptions trompeuses ; qu'il ne nuise pas à la vérité lorsqu'il résulte d'une sensibilité ouverte, laquelle se trouve à l'origine de toute connaissance. La vérité... Depuis des siècles, des millénaires, nous opposons au vague, au mystère, ce mot qui marque la limite de notre savoir – tissu changeant qui sans cesse s'effiloche et que sans cesse on ravaude. Dans la vérité, nous voyons le synonyme de la réalité, comme si elle embrassait le Tout, ce Tout qui n'a pas de commencement, dans lequel nous sommes plongés, dont nous faisons partie. Et le langage – ce long effort titubant de la pensée pour naître et devenir enfin perceptible – plonge, lui, ses racines dans l'à-peu-près, en nous.

La vérité est une étrangère en ce monde et toute cohabitation à long terme avec elle se révèle impossible. Seul ce que l'on ressent dans l'instant et sans interprétation est, en soi, incontestable. L'esprit tant bien que mal étayé de convictions, fourmillant d'exégèses, nous sommes des êtres imaginaires que seule la souffrance – la souffrance physique – renvoie à la réalité.

Ce n'est là, je n'en suis pas dupe, qu'une sorte de philosophie de la résignation face à l'énigme de l'univers ou de la divinité. Je n'ai jamais compris l'effroi de Pascal lorsqu'il conçut l'infinitude de la nature, des espaces.

La vérité à laquelle Guibert tenait à être fidèle, était celle, immédiate, que procure la vie au présent. Il la traquait, avec un impitoyable souci d'exactitude. Le lexique technique dont il disposait à son gré et avec plaisir touchant à la mécanique, à l'architecture, à toutes sortes de métiers, s'en dépouillait-il comme d'ornements que la progression de la maladie rendait futiles ? Dans ses derniers livres, il manipula pourtant avec dextérité le langage médical.

Il voulait témoigner, figer les choses, les faits, avant que la mémoire ne s'en empare et les enveloppe des rêveries et des confusions qui lui sont propres.

Mais, dans un recoin de son œuvre, il a laissé des confidences, sans doute par une entente secrète avec l'écrivain qu'il avait été et que désormais il désavouait. Aussi dit-il que le sentiment d'aventure sans lequel il lui était impossible d'écrire lui venait plutôt de la lecture, de la littérature, que du voyage ou de la rencontre. Et d'évoquer, en passant, ces phrases qui s'embellissent ou s'enlaidissent sous la main de l'écrivain.

L'écrivain n'est pas un pourvoyeur de vérités ; le vrai et le faux sont également mémorables pour le scribe.

43

Sauf lorsqu'un de ces voyages exotiques qu'il affectionnait vers la fin l'éloignait de Paris, nous nous retrouvions pour dîner, sinon tous les mois, tous les mois et demi. Nous rivalisions de prévenance dans le choix du restaurant et, au bout de quelques dîners, nous avions établi une sorte de guide tacite. Aussi, chacun jouant à son tour l'amphitryon, la décision d'aller à tel endroit ou à tel autre appartenait-elle au convive. C'était moins un jeu qu'une cérémonie. Il distinguait, et avec quelle compétence ! les plus subtiles nuances d'une préparation, appréciant également la texture du bois de la table, ou le tissu de la nappe, la taille de la serviette, le galbe d'une coupe.

Nous nous sommes rencontrés encore deux mois avant sa mort, mais cette fois-ci dans le couloir d'un hôpital. Il rentrait de Nouméa. J'avais deviné sa silhouette derrière les vitres du long couloir qui bordait la cour. Il marchait à grands pas, mais, en dépit de son allure déterminée, à mesure qu'il approchait de la salle d'attente où je me trouvais, je percevais pour la première fois des changements dans son visage qui, à mes yeux, n'en avait pas connu depuis le jour où il me confia la nouvelle de sa maladie. Trois ans s'étaient écoulés, et de tous les traumatismes successifs qu'il avait subis dont il m'avait fait la méticuleuse relation, je n'avais eu l'occasion de constater que les effets de ce qu'il me dit être une « paralysie locomotrice », ce soir où il n'arrivait pas à pousser la portière du taxi, mais cela après une énergique promenade pendant laquelle les troubles des muscles locomoteurs ne s'étaient pas manifestés.

Maintenant, la maladie avait pris possession de son visage : émacié, hâlé, une fine pellicule dorée – le soleil de Nouméa – accentuait ses ravages.

Il me parle de son voyage, de l'anesthésiste qui lui a crevé le poumon, dit-il – et le mot « crevé » rend un son étrange dans sa bouche ; puis il m'annonce, toujours sur le ton monocorde qui est le sien, qu'il risque de perdre la vue. L'expérience de la cécité lui semble digne, somme toute, d'être vécue, mais il tient à savoir, avant de refuser les piqûres dans les yeux pouvant l'empêcher ou la retarder, qu'il n'est pas prêt à subir, si la cécité qui le guette sera noire ou blanche.

Je me rappelai Borges à la terrasse des Deux-Magots, portant un livre tout près des yeux, fier de discerner sur la couverture blanche un cercle noir : « Le monde de l'aveugle, je parle en mon nom, n'est pas la nuit, c'est un brouillard gris pâle, parfois argenté. » Et je me souvenais, aussi, que cela n'avait pas duré.

Il y avait de la grandeur dans la curiosité de Guibert, dans sa passion irrépressible de connaissance : nommer, dénombrer, jouir ou pâtir de toute découverte, et rester d'une vigilance sans relâche au monde et à sa douleur, jusqu'au dernier souffle.

Nous évoquâmes l'éventualité d'un dîner ; il me téléphonerait. Nous nous dîmes au revoir entre deux portes.

44

Le 14 décembre, jour de son anniversaire, Guibert fit une tentative de suicide. Il était chez lui. La version de l'un de ses proches était sans doute exacte quant aux faits : l'absorption de somnifères, le mauvais dosage, le vomissement qui s'ensuivit, lui-même avertissant à sept heures les urgences, commandant l'ambulance, appelant celui de ses amis nommé par ses soins exécuteur testamentaire... Mais cette version me paraissait limitée à cette série de faits et de gestes : il me semblait plausible que – de même qu'il considérait comme une perte immense et pourtant comme une possibilité d'enrichissement la cécité – il eût voulu connaître l'imminence de la mort, l'instant d'avant le dernier instant, debout sur le seuil du vide, au risque d'y plonger : se dire qu'il cessait d'être au moment même où il cessait d'être.

Lorsque l'on sait irrémédiable une maladie, ou que cette autre maladie, la vieillesse, s'installe en nous, ralentissant nos pas et l'ombre sur le sol, il arrive qu'on n'entreprenne, peu à peu, plus rien, ni le voyage dont on avait rêvé ni le livre qu'on comptait lire, ni cette lettre que quelqu'un attendra en vain, et cela parce que, tout compte fait, bientôt on ne pourra plus s'en souvenir. Étant du nombre, la conduite de Guibert m'émerveillait. Il y a un terrible égoïsme dans le renoncement.

45

Il est mort à l'hôpital dans l'après-midi du 27 décembre 1991. Sa femme et ses trois amis les plus proches l'entouraient. Selon les confidences de l'un d'eux, il leur avait demandé de l'aider à mourir, les menaçant de se supprimer lui-même dans le courant de la nuit, quand les surveillants qui font leur ronde sont moins nombreux, partant, moins assidus, surtout le week-end. A l'entendre, il avait découvert un moyen efficace. Il paraissait très animé, parlait d'abondance, avec entrain, sur un rythme plus vif que d'habitude, mais sans anxiété. Et c'est, pour ainsi dire, en parlant qu'il mourut.

La levée du corps eut lieu le mardi, tôt dans la matinée. Nous sommes arrivés en même temps, son médecin et moi. Je reconnus quelques visages. On n'entendait pas des voix, mais des murmures. Dans le petit monsieur qui s'entretenait avec l'un ou l'autre des présents, je reconnus le père de Guibert, à cause du nez, plutôt court et busqué. Pour le reste, de la stature à l'expression du visage, aux gestes, rien n'aurait su rappeler en lui leurs liens. Cuir chevelu rose et luisant ; corps trapu. Le fils, quand la calvitie commença à dégarnir le haut de son crâne, n'avait pas hésité à tondre la masse de cheveux bouclés qui lui venait de l'enfance. On aurait dit un acteur qui avait changé de rôle. Il sut rejeter l'image que le regard des autres avait fini par lui imposer à vie. Manifestait-on de l'étonnement, du regret à le voir ? il s'en amusait.

46

Le cercueil de bois clair était modeste. Le couvercle, fractionné en deux parties assemblées par des charnières. On avait relevé une moitié, mais le visage, seul, émergeait en médaillon, serré par le linceul, qui n'était pas de lin selon l'étymologie, mais d'un tissu souple qui formait des plis suaves. Le visage était bien là, mais si lointain, et absent d'une telle absence que l'idée vous traversait d'un moulage lissé avec soin : n'appartenant plus au monde ni à la mort.

Je cueille ici des détails infimes, des miettes – peut-être demain d'humbles reliques –, inquiet qu'ils ne suffisent à étayer son souvenir.

Lorsqu'il changea de domicile, j'eus l'occasion de jeter un coup d'œil à sa bibliothèque ; des cartes postales de tableaux, surtout des portraits, cachaient le dos de la plupart des livres, empêchait de voir le titre et le nom de l'auteur. Entre deux fenêtres, sur un petit socle, un haut bouquet de roses sombres, sang-de-bœuf. Nous ne parlions que rarement de nos lectures et moins encore de nos préférences littéraires, mais une fois il me procura un livre de Klabund, *Moreau*, qui l'avait surpris. Et une autre fois, comme je lui avouais m'être détaché depuis longtemps de l'œuvre de Jean Genet, il m'incita à relire *Miracle de la rose*. Le lendemain, je partais pour la Norvège, et mis le livre dans la valise.

A Bergen, je descendis dans une pension où les boiseries de l'entrée et de la salle à manger, les meubles et l'escalier en colimaçon étaient peints en noir. J'y habitai une mansarde tapissée de chintz à fleurs vieux rose. Si je poussais le châssis à tabatière de la fenêtre, je réussissais à suivre, dans la pièce d'eau du jardin public, la chorégraphie solitaire d'un cygne. Le bruit uniforme de la pluie sur le toit me tenait compagnie. La nuit, je me sentais hors du monde ; la pluie en était le faible écho ; j'éprouvais une sorte de crainte qu'elle ne s'arrête.

Je ne referme un livre que mes yeux ne soient fatigués à l'extrême. Ils ne l'étaient pas, ce soir à Bergen, lorsque je refermai *Miracle de la rose* à la page soixante-treize, non pas que sa lecture m'ennuyât : j'avais trouvé les quelques lignes qui justifiaient l'exhortation de Guibert à relire l'ouvrage, car elles me semblaient le définir, lui : « Il fallut qu'il élevât son destin comme on élève une tour, qu'il donnât à ce destin une importance énorme, une importance de tour, unique, solitaire et que de toutes ses minutes il le construisît. Construire sa vie minute par minute en assistant à sa construction, qui est aussi destruction à mesure... »

Destinées à l'un de ses personnages, le bel Harcamone, ces phrases de Genet ne convenaient-elles pas à Guibert, au point de paraître prévues par lui – le mot « tour » fournissant la métaphore adéquate à son attitude irréductible ? Et cette construction d'une vie qui se détruit à mesure, cette construction entêtée d'une vie que la maladie corrode, ne coïncidait-elle pas avec la sienne en ce moment même ?

Je décidai ou, plutôt, il s'est décidé à mon insu en moi que je ferais sa nécrologie. Il m'avait raconté comment, en train de mettre de l'ordre dans ses papiers, il était tombé sur des récits inédits, des dessins oubliés et une vaste correspondance. Il en préparait des volumes en vue de leur publication après sa mort, avant celle du *Journal* qui, me dit-il, s'était appauvri par ma faute : ne lui avais-je pas suggéré d'en extraire les passages ayant trait à ses parents pour en faire un livre, qu'il fit et publia ?

En dépit de mon inaptitude au genre épistolaire, le lendemain, à Bergen ou à Oslo, je postais une lettre à son adresse. J'y citais les quelques lignes de Jean Genet, non sans redouter qu'il n'y vît une emphase sentimentale, pire, de la flagornerie. Il n'y fit pas allusion dans sa brève réponse. Sa missive commençant par ces mots : « Merci pour votre lettre, merveilleuse », je crus y deviner un consentement réjoui.

Merveilleuse ? Démesurée, excessive, cette expression ne lui ressemblait pas. Peut-être l'avait-il utilisée une fois en ma présence, avec tendresse, à propos de Lulu, la patronne de son bistrot préféré, qui a l'air d'un gavroche.

Si ma lettre lui donnait, en guise d'introduction, des aperçus de la Norvège, elle n'avait été rédigée que pour y placer la phrase et connaître, par quelque signe, quelque allusion, son avis sur la pertinence d'en faire usage lorsque je parlerais de lui ; désormais, il ne s'agissait plus vraiment de lui, mais de lui déjà parti, et de la trace qu'il laisserait.

Le jour de sa mort j'appris qu'il serait enterré à l'île d'Elbe comme il l'avait imaginé, me semble-t-il, dans son dernier livre, dans le cloître d'un couvent de franciscains, acheté par son ami H.-G. B. et à la restauration duquel il avait beaucoup contribué. H.-G. B. y cultive des roses ; sa roseraie en abrite du monde entier.

Dans l'assistance, une femme grande, robuste, vêtue d'un lourd manteau noir à la cheville, la tête enveloppée dans une écharpe qui tombait dans le dos, les pieds dans des chaussures plates et silencieuses, allait des uns aux autres avec un sérieux d'abbesse, et par intervalles elle s'approchait du cercueil, y pianotant avec discrétion, avec légèreté, comme si elle voulait réveiller l'ami en douceur avec un trille, ou lui envoyer des messages en morse.

On entendit un bruit de moteur. Derrière la large baie vitrée sur laquelle cristallisait le crachin, on apercevait le fourgon funéraire qui n'était pas le corbillard classique muni de vitres, mais un solide véhicule couleur d'acier, plus approprié à un long voyage sur de grandes routes, et que le conducteur mit un certain temps à bien placer, la portière arrière tournée vers l'entrée.

Quatre hommes de la police des frontières scellèrent le cercueil avec des cachets de plomb, puis le soulevèrent, leur effort apparent dépassant de beaucoup son poids. Je crus entendre un gémissement bref, instantané : la femme blonde, très fragile, sur le seuil de la petite salle attenante et qu'entouraient de jeunes gens, devait être la mère de notre ami.

La femme tout de noir vêtue interposa une main entre deux policiers et frôla le cercueil : juste un ultime message. Et le cercueil glissa dans le fourgon et la portière se referma avec le bruit amorti des voitures de qualité.

Ce fut alors, Ruiz, à ce moment précis, que je ressentis l'urgence d'annuler le testament où je demandais d'être enterré en terre piémontaise.

Tout d'un coup, il me parut juste, et beau, que Guibert, qui avait tôt déserté sa famille et, apprenant la célérité de sa maladie, pris des dispositions légales afin de mettre son œuvre à l'abri de la censure des siens, eût éprouvé le besoin de savoir que, mort, ils ne l'auraient pas à portée de la main pour s'inventer des rapports posthumes : le cloître d'un ancien couvent, sur les hauteurs de l'île d'Elbe, où il avait été si heureux, devait lui paraître la plus sûre des retraites, et, symboliquement, hors du monde. Sa décision se conformait aux lois jamais conçues comme telles de la cohérence, à laquelle rien dans sa vie ne semblait étranger.

Or, dans mon cas, Ruiz, cette demande de sépulture dans les lieux de naissance du père, c'était la conséquence du trop de vin dans un banquet sans fin, qui réveilla mon penchant au pathétique et le goût presque religieux de la symétrie : sa naissance et ma mort côte à côte. Répétant tes mots lorsque tu tâchais à me convaincre d'accepter ta demande : la boucle est bouclée.

J'ai beau me reconnaître tel quel dans mon père, Ruiz ; il reste en moi pareil à cette marque de crucifix enlevé, triste ruine de ta dévotion, sur le tissu du mur, derrière ton bureau.

Non, je ne tiens pas à me réconcilier avec mon père. Ni avec mon pays.

47

Je vis encore une fois Ruiz avant de quitter Córdoba ou, plutôt, je l'aperçus lors de la cérémonie au cours de laquelle on nomma docteur *honoris causa* celui qui n'avait suivi nulle part des études régulières, dans la salle de séances de la première université du pays, dont les origines remontent, me dira-t-on plus tard, au début du XVIIe siècle.

En y pénétrant, avant de prendre conscience de ce que le regard venait de capter, je m'étais rappelé la lettre de ce franciscain qui, ayant appris mon départ du séminaire, me conseillait de tâter de la Compagnie de Jésus avant de renoncer à la vie religieuse, car elle devait mieux correspondre à mon caractère ; et m'être dit en même temps : « J'entre enfin chez les jésuites. » D'or les moulures couronnées des lambris et la frise laborieuse ; d'acajou les quarante stalles en double rang, à droite et à gauche, telles des douairières à taille étranglée et haut peigne sur chignon ; d'acajou l'alignement des bancs pour l'assistance et la chaire qui, avec la fresque du plafond où des angelots complotaient dans le dos d'un vieillard, changeait l'enceinte en lieu de culte, jadis sans doute chapelle – « Chapelle des Espagnols », précisera le recteur.

Maintenant, au moment où j'écris ces lignes, les visages dans les stalles à ma droite, des doyens, des professeurs, des représentants de l'Autorité, et ceux du recteur et des personnes qui ont pris place sur l'estrade, se sont effacés ; ne restent, avec une netteté de portrait, que Ruiz et les deux comparses en noir qui l'encadrent, là-bas, debout, abrités sous la chaire ; et dans les stalles à ma gauche, se découpant contre le jour des hautes fenêtres et à la fois doucement éclairés par les lustres, mes frères et sœurs.

Je pourrais dessiner le groupe qu'ils forment, indiquer avec exactitude l'intervalle entre les sièges qu'ils occupent, décrire la cravate à rayures de Francisco, la mansuétude souriante de Cecilia, le port de tête d'Elvira, et à ce sujet analyser l'allure que certains acquièrent quand les choses de la vie ont trop humilié leur vie.

Après l'exécution de l'hymne national, avec ses changements de thèmes et de rythmes propres à l'ouverture d'un opéra, qui tout à coup se mit à chanter moins dans la salle que dans l'enfance, un quatuor de jeunes joua une pièce du Père Soler. Ensuite, l'un des doyens lut un très long discours de réception, qui me fit plaindre les acolytes chargés sans doute de glaner, ici et là, en catastrophe, les quelques renseignements lui ayant permis de brosser un portrait du récipiendaire.

Mon tour venu, j'entamai la lecture d'une « leçon », laquelle avait trait au rapport, parfois perceptible, qu'entretiennent la littérature et la musique, le mot et la note, la phrase ou le vers, et la mélodie. Je n'étais pas sans savoir qu'un tel sujet – trop alambiqué pour les uns, trop futile pour les autres – risquait de ne pas éveiller l'intérêt des présents. Aussi confiai-je la réussite de ma conférence à l'intonation calculée de chaque période, à l'attaque du paragraphe, aux changements de rythme, ralentissant ou accélérant le débit, comme à l'Alliance, trois jours auparavant.

Je m'entraînais déjà à ce genre de ruses lorsque, au séminaire, je lisais pendant le repas de midi des vies de saints, et je crois même m'y être initié après la lecture d'un ouvrage sur l'art de la scène, de Pierre-Aimé Touchard, où celui-ci décrivait la façon d'entrecouper le vers de brefs silences, afin de mettre en perspective les mots, ce qui, disait-il, était dans la manière de Louis Jouvet. M. Touchard établissait, je m'en souviens, une différence entre l'acteur et le comédien, le premier imposant toujours sa personnalité au personnage, le deuxième, malléable, s'effaçant derrière lui – l'essentiel, pour l'un ou pour l'autre, étant la foi sans cesse renouvelée dans le jeu.

Mes frères et sœurs applaudissent avec discrétion, avec timidité, comme si les applaudissements du public, que l'acoustique ramène au forte d'un grand orchestre, les englobait, du fait des liens qui les unissent à celui qui quatre décennies plus tôt s'éloigna à jamais du cercle de famille et un jour partit pour de bon vers l'autre côté du jour. Le voilà retrouvé, en chair et en os.

Aucune démonstration exubérante, pas d'étonnement ; mais plus paisible encore le sourire de Cecilia, moins austère l'expression d'Elvira. Ils regardent vers l'estrade, ils me regardent, sauf Orlando qui veut sûrement prendre note avec minutie de ce qui est en train de se produire dans la salle, mesurer les réactions de l'assistance. « Córdoba s'applaudissait elle-même », lancera-t-il le soir, à la cantonade, fier de sa trouvaille.

Que pensent-ils tous ces gens debout, cette ruche qui ne se vide pas ? Soudain, non sans brusquerie, quelques-uns, des étudiants, coincés entre les bancs arrière et le mur, se fraient un passage parmi des personnes qui ne tiennent pas à bouger. Et peu à peu nous sortons, nous respirons, nous nous répandons dans la galerie qui longe le corps du bâtiment ; mais une vague de fond, un engrenage de poussées nous atteint, nous heurte, puis nous berce. Je ne vois plus mes frères et sœurs. On fait quelques pas, on avance, et tout à coup Ruiz, la tête d'Indien de Ruiz comme portée au bout d'une pique affleure, et il tend un bras, la main, entre le pouce et l'index une enveloppe qu'une fille prend et me transmet. Il sourit, il me fait un clin d'œil et se tourne vers ses amis qui l'attendent, en retrait ; ils sont plus âgés que lui, plus solennels, tous deux professionnellement graves, le sourcil sentencieux. Ils m'adressent une inclination de tête quand Ruiz les rejoint. Je le suis des yeux et je capte, pardessus son épaule, au milieu de la cour, ma famille : ils sont dans un rêve, le sort leur a offert un rêve sans réveil, qu'ils pourront abandonner et regagner à leur guise, pour se distraire de la réalité.

Cecilia me fait un signe de la main, les autres l'imitent. Je me dégage, je marche vers eux, j'éprouve le poids de mon corps à chaque pas, j'adhère au sol, à moi, à eux, à tout ce qui est à la portée du regard. Et je me dis que la vie n'est pas un songe – mais tout juste dans la mesure où nous savons qu'elle en est un.

48

Jamais impatient d'ouvrir le courrier, du seul fait que même les bonnes nouvelles exigent une réponse, je mis dans la poche intérieure de ma veste l'enveloppe rectangulaire, de papier satiné crème, que Ruiz était parvenu à tendre en dépit de la bousculade, décidé sans doute à insister par écrit sur la récupération de ma personne lorsqu'elle ne serait plus qu'un poids léger d'os et de cendres ; qu'il fût escorté par ces messieurs que leur aspect renvoyait à un rang moyen de l'administration publique confirmait mon soupçon.

Je quittai l'université en compagnie du secrétaire à la Culture. Nous nous dirigions vers le centre de la ville. Nous échangions des propos vagues sur la poésie et, de sa part, mélancoliques : il ne tarda pas à s'avouer poète et il dit, cherchant les mots, que la poésie voudrait chanter, tandis que la musique, parfois, essaie désespérément de parler. Il avait donc retenu ce mot que j'avais attribué à Claudel, et cela éveilla ma sympathie à son égard, comme toujours lorsque quelqu'un touche au cœur profond et fragile de la littérature, où les mots sollicités par notre désir d'exprimer une pensée, une sensation, se résorbent en musique.

Soudain la circulation devint d'une densité qui obligea la voiture à avancer par à-coups, le poète et le chauffeur jugeant de concert inhabituel ce genre de contretemps sur notre parcours, celui-là l'imputant à un accident, celui-ci, sans prendre de gants, à un attentat – et j'aperçus dans le rétroviseur, qui était large, l'admonestation muette du secrétaire à l'adresse du conducteur. A l'instar d'Armando, il voulait que je ne me rende pas compte du malaise que la pauvreté suscitait dans le pays, où une partie de la population glissait de l'indigence au désespoir, du vol au meurtre.

Nous longions ce fleuve que je n'avais pas connu dans mes années de Córdoba, ruisseau plutôt auquel l'invention d'un architecte a donné, avec des quais opportuns et des réverbères blancs, l'air d'un décor construit pour le tournage d'un film, et laissé sur place, comme il arrive dans bien des villes où ont eu lieu des expositions dites universelles.

Sur la rive que nous avions empruntée, des voitures au pas, à perte de vue, par moments paralysées ; et bientôt, de l'autre côté du fleuve décoratif dont on ne voit pas le courant, rien que la maçonnerie de béton blanchi, un flot de banderoles qui ondulaient, molles, mais en cadence, portées par un cortège d'enfants en tablier blanc de collégiens, suivis par une foule bigarrée et interminable de jeunes étudiants, et d'adultes parmi lesquels prédominaient les femmes.

Tout d'un coup sombre, crispé, le secrétaire prit le téléphone qui traînait entre les sièges avant et, se détournant à peine, il composa un numéro ; il avait du mal à dissimuler son anxiété. Alors, moins par curiosité que pour le mettre à l'aise, je sortis l'enveloppe de Ruiz et commençai à la déchirer avec soin, afin d'atténuer le frisson désagréable du papier. Je dépliai la lettre et pus constater qu'elle se réduisait à quelques lignes hâtives, mais déjà le secrétaire, soulagé, souriant, la main sur mon épaule, m'expliquait que cette canaille de gouverneur de la province – « Pas celui de la ville ! » – avait décidé de fermer les écoles où le nombre d'élèves ne justifiait pas le salaire des instituteurs, d'où la manifestation.

« Une canaille ?

— ... de nature, et voleur de profession... Je ne vous dirai que ça : pour éviter, écoutez-moi bien, pour éviter que des inondations, toujours possibles à la saison des pluies, ne l'obligent à ramener le bétail vers l'intérieur de sa propriété, quelques milliers d'hectares !, il a fait dériver le fleuve qui la traversait... pas un ruisseau, pas une rivière, l'un des plus importants du pays. Savez-vous ce que cela signifie, dériver un fleuve, les digues, les barrages, le lit nouveau et au passage les terres noyées à jamais, jusqu'à la mer ! »

A une allure de procession, les manifestants avaient passé le pont en dos d'âne, ils venaient derrière nous ; ils nous rattrapèrent ; ils nous cernaient, se faufilant parmi les voitures sans lâcher les banderoles, avec dextérité, leur rang se reformant comme un cours d'eau retrouve son unité après le rocher qui le divise. Lorsque je voulus baisser la vitre, le secrétaire m'arrêta, mais sitôt s'excusait : « C'est l'habitude... »

Rien, de chaque côté et devant nous, que les drapeaux qui montaient et descendaient ; rien que les enfants, leur chant fier et d'autant plus émouvant qu'aigrelet et dissonant ; rien, maintenant que la circulation a repris et, tel le convoi qui s'ébranle, les voitures peu à peu accélèrent ; rien que leur joyeux combat pied à pied dans les rues de la ville.

Je gardais toujours la lettre de Ruiz à la main ; elle s'était repliée. Sans baisser la tête, simulant de suivre le défilé, je l'entrouvris, et du coin de l'œil, je vis, en hauts caractères d'imprimerie parmi les quelques mots gribouillés, le nom de l'ami disparu.

49

Le nom de l'ami disparu. Le nom perdu de l'ami disparu. Son nom était là, sous mes yeux – mais je n'en croyais pas mes yeux : il était là, en caractères d'imprimerie maladroits, inscrit dans ce papier à lettres dont j'apercevais les majuscules hiéroglyphiques de l'en-tête comme une araignée embusquée dans la pliure ; et j'avais beau fixer les barres tracées par Ruiz pour mettre en évidence le nom dans le fouillis de son écriture, mes yeux n'y croyaient pas, je n'en croyais pas mes yeux. Je n'entendais plus ce que le secrétaire me racontait, je sais qu'il se tut au milieu d'une phrase et il me semble qu'il détourna la tête, par politesse. Je me souviens, à moins que l'imagination n'ait inventé le souvenir à l'instant, de son profil à contre-jour.

C'était donc son nom. Là. Sur ce papier filigrané qui contrastait avec le papier ordinaire de l'enveloppe. Et dans la profondeur inconcevable du corps, où le corps mêlé d'âme que nous sommes se ramasse, se noue et s'irradie, tout clignait, tout balbutiait, mon propre nom se décollait de moi à la vue du nom du disparu qui était mon propre nom.

Comment, alors, avais-je pu oublier ? Parce que toute une année chacun de nous fut l'autre ? Cette interrogation fut comme un cri de moi à moi et j'entendis en écho le rire de la pensée : « Parce que son nom était le tien. » Longtemps j'en avais cherché les plus usuels de là-bas, parmi les gens de notre génération. Puisqu'il était originaire de ce nord du pays aux frontières duquel l'immigré s'était arrêté, j'avais noté les noms créoles tels qu'Eustaquio, Aniceto et

Clementino, Eliseo, Cipriano ou Indalecio, mais sans exclure de l'énumération les noms grecs que, sans doute la revue *Leoplan* – où tout petit j'avais lu Max du Veuzit, Hugo, Dumas et Kipling – avait répandus, vers la fin des années vingt, en publiant Homère. Homère, au reste, ainsi qu'Ulysse, Hermès, Achille furent des noms assez courants. Quant au mien, je compte trois homonymes parmi mes amis, et j'oublie le quatrième, qui fut le premier et que voilà revenu, son visage flou réapparaissant dans l'ombre, indécis, et de loin en loin, dans un éclair, net, les lèvres connues déjà descellées par le souffle.

Lorsque je dis « nom », je n'entends pas le patronyme, qui n'est qu'un marquage, qu'un laissez-passer : je pense au nom que l'enfant a entendu depuis le jour de sa naissance, qui est resté, pour la plupart, leur vie durant, un son à l'égal de la parole avant qu'elle ne délivre le sens. Il se peut qu'on en éprouve de la fierté ou de la honte si dans l'enfance on nous a appris que tel qui le portait l'honorait par ses vertus, son cœur, sa bravoure, et tel le discréditait par sa couardise, ou le souillait d'infamie. Pourquoi abaissé à prénom le nom véritable ? Et d'où vient que certains en changent, en particulier, à l'instar des hommes et des femmes qui entrent en religion, les artistes ?

D'avoir retrouvé « son » nom, j'éprouvais, simultanés et continus, un sentiment de paix, et une rancune impuissante.

Avais-je un devoir envers lui, et le désir de trouver sa sépulture fut-il le premier signe d'avoir à l'accomplir ? Lui serais-je redevable, je ne dirais pas de quelque intercession, ce mot évoquant l'au-delà, les saints et les âmes du Purgatoire, mais d'une faveur exceptionnelle que j'aurais négligée, d'un appel que je n'aurais pas entendu ?

Suis-je son instrument, ou l'est-il de ces lignes qui mot à mot, pas à pas m'entraînent vers un passé aussi irréel que le souvenir d'un rêve dissous dans le sommeil, et cependant poignant ?

Une intime nécessité dont j'ignore la nature conduit ma quête du lieu où est en train de fondre son squelette, sa carcasse dont la mort a retiré, comme un mouchoir de poche d'un veston, l'âme. Le mot du Christ : « Laisse les morts ensevelir leurs morts », m'a toujours paru un mot brutal et, à la lettre, insensé.

Je n'ai pas oublié la tombe abandonnée sur laquelle ma mère et mes sœurs déposaient, le jour des morts, une couronne de fleurs qu'elles avaient inventées dans du papier crépon ; je vois la croix rouillée et, sur un côté de la dalle, le trou sans doute creusé par un rat des champs.

Mais, à vrai dire, il pourrait s'agir de curiosité de ma part, et d'une manière de jalousie : pourquoi, ou plutôt, pour qui se défroqua-t-il ?

50

Je ne sais pas, Ruiz, si je dois te remercier de m'avoir fourni le nom oublié de l'ami. Deux ans après nos curieuses retrouvailles et ton consentement réfléchi à ma demande, je mesure la complexité du chemin parcouru pour aboutir à un dénouement satisfaisant, sinon pour le cœur, pour l'esprit, en dépit de l'extravagance du personnage et des circonstances qui ont fait partie de la vie d'Hector Ramírez, notre condisciple, mon ami.

Tu ne dois pas voir dans ces propos de la réticence ni un reproche voilé, tout juste une forme de politesse empruntée et taquine. Je te remercie de ton geste ; grâce à toi j'ai fini par mener à bien une quête qui, retardée d'année en année, de décennie en décennie, était devenue indispensable à apaiser l'une de ces obsessions parasites qui font partie de ma nature, au reste indifférente, et que le temps n'a pas émoussée : le refus de l'inachevé en toute chose et, en l'occurrence, d'une histoire que, faute de conclusion, je ne pouvais pas me raconter.

Désormais, je suis au courant de la tournure que prit sa vie ou, plutôt, j'en ai des aperçus qui, épars mais alignés en bon ordre, comblent les creux de la mémoire – ainsi les fragments sauvés d'une fresque qui s'estompe recomposent pour l'imagination l'ensemble.

Je sais davantage sur son séjour à Rome où l'Ordre l'envoya afin qu'il approfondisse sa connaissance de la dogmatique. Te souviens-tu de notre confrérie d'hérésiarques en herbe, de nos réunions clandestines, de ce jour où, au nom de la poésie, nous prétendîmes établir la supériorité de saint Thomas d'Aquin, le docteur angélique, et rien de moins que la gloire de nos rivaux, les dominicains, sur Duns Scot, le docteur subtil des franciscains – attribuant au premier le prodige d'avoir cerné la nature des anges, jusqu'à susciter la question de leur rapport avec l'espace : y avaient-ils une place et pouvaient-ils se poser sur la pointe d'une aiguille ? Quel ne fut notre désarroi lorsque l'un de nous, le rouquin d'origine polonaise qui affectait en permanence un ton plaisantin, souleva une controverse : s'agissait-il d'une aiguille à coudre ou de l'aiguille d'un clocher ? quelle était au juste la phrase de saint Thomas ?

Hector ne participait pas à nos colloques de fabulateurs ; il était loin devant nous dans ce genre de spéculations et sans doute déjà protégé par un système. La théologie se divisant en plusieurs branches, il inclinait, depuis le début de ses études, à la théologie dogmatique, plus propice que la théologie morale aux jeux de l'abstraction, et qui, partant d'un principe indémontrable, bâtit dans les airs un irréductible enchaînement de théorèmes, une géométrie dont la multiplication de figures ignore la fin – à l'exemple de la musique quand elle est régie par le contrepoint, à l'exemple des mathématiques.

Mathématiques, contrepoint, géométrie, théologie dogmatique... Un seul et unique fil dans la trame de l'univers.

Rien dans les souvenirs que j'ai encore de lui, si ténus et instantanés, ne me le montre apte à battre des sophismes, ni versé dans la rigueur et les pièges quintessenciés des syllogismes. Et je me demande, en cette après-midi irréelle sous l'avalanche de l'été, s'il ne préféra à la théologie morale, qui a ses racines dans l'homme, dans ses sentiments, dans sa pensée, la discipline conjecturale de la dogmatique pour distraire son penchant à la sensualité, qu'il refrénait sur le seuil du péché : d'un bras s'il m'attirait pour m'étreindre, du même il m'écartait, l'air de vouloir récupérer les traits de l'adolescent brouillés par l'excessive proximité des corps.

C'est le désir de ces moments demeurés à jamais inassouvis, qui de l'autre côté de la vie le ramène à moi.

51

Je tourne et je retourne et je rumine mon oubli du nom et je t'avoue, Ruiz, que cet oubli absolu je l'accepte sans pour autant cesser de l'estimer impossible, en dépit de bien d'autres témoignages qui ont confirmé ta révélation. Les choses disparues au fond de la mémoire quand quelqu'un, ou des circonstances, les réveille, et qu'elles montent désorientées, informes, jusqu'à émerger, tel le poisson attiré par des miettes dans la splendeur du jour, peuvent entraîner de vieilles tristesses, d'anciens bonheurs, mais dans le passé bonheur et tristesse n'ont plus le même pouvoir ; aussi ces retrouvailles sont-elles placides, parfois mélancoliques, souvent joyeuses.

Je rumine, je tourne en rond : Ruiz, je me demande, et la réponse à cette demande que je m'adresse pourrait se révéler grave, si la perte du nom de l'ami, ce nom que désormais je me résigne à partager avec lui – bien que dans mon esprit il ne coïncide pas avec le souvenir de sa personne –, n'aurait pas un lien avec les troubles qui tout d'un coup ont menacé certains aspects de ce trésor, le plus grand des trésors pour moi, et pour tout un chacun, la mémoire ?

Le péril n'a pas pesé lourd sur la mémoire essentielle, celle grâce à laquelle nous nous reconnaissons au réveil, celle qu'irrigue l'âme où naviguent nos dieux et nos démons, où se déposent les faits de chaque jour, et où la vie déjà parcourue creuse son intime perspective.

Non : un dérèglement brusque s'était produit qui perturbait l'usage de la parole. Je n'en saurais dater les manifestations initiales, mais je ne crois pas fournir une de ces coïncidences qu'affectionne la littérature en prétendant que des signes, quoique sans rapport, précurseurs, se manifestèrent lorsque, pour la première fois, je passai le seuil de la salle des séances à la Maison des mots, où le sort, aux desseins, on le sait, impénétrables, décida que je fusse accueilli – peut-être pour dévoiler un imposteur, peut-être pour que l'imposteur apportât un grain de sable à la pyramide : d'où venait-il, quel pouvait bien être son apport?

Parce que cela m'arrivait, je crois en être sûr, pour la première fois, je vis le signe d'une défaite anticipée dans l'accès de transpiration qui me prit : moi qui ai la paume des mains sèche et qui éprouve une sorte d'incrédulité et de dégoût lorsque je serre une main moite, j'eus soudain les miennes suintantes. La peur était là. La peur qui depuis l'enfance me harcèle. La peur en permanence à l'affût. La peur aux origines diverses qui me talonne et m'attrape en plein jour dans les rues, et me pousse à allumer les lampes, à inspecter l'appartement la nuit. La peur était là et la peur de la peur s'y ajoutait. Et comme un oiseau de proie elle s'abattit sur moi et s'empara du langage.

52

Du plus loin qu'il m'en souvienne, je ne maniais avec aisance, dans la conversation, le lexique d'aucune des langues qui me sont familières, sans excepter la langue maternelle du temps où elle était encore la principale, sinon la seule.

Ma vanité suggère que la cause se trouve dans la hantise de dénicher toujours un mot plus conforme au propos que celui déjà au bord des lèvres – le fantomatique mot juste qui prétend à l'exactitude de l'idée. J'aimerais, quand je parle, utiliser les mots, tenus de façon conventionnelle pour garants de la vérité, comme s'il s'agissait de coucher sur le papier une pensée : mais écrire n'est-il pas le contraire de penser ? Et l'épiphanie de la pensée, laquelle s'insinue par une lézarde de l'esprit, se produit-elle sans l'oubli de soi, et de tout le reste ?

Je voudrais, lorsque je parle, avoir déjà le souvenir de ce que je commence à dire. J'hésite, je trébuche, je perçois l'effort de dissimulation polie de l'interlocuteur, et je lui en sais gré s'il s'abstient de me secourir, de me fournir le mot qui s'est esquivé, d'un bond, dans les coulisses, obligeant la phrase à de hasardeux détours. La pensée, en moi, a toujours attendu les mots dont elle perçoit l'approche – pareille à l'ombre sur le mur qui précède le promeneur. Les mots qu'elle cherche, au reste, aspirent moins à la connaissance qu'à la magie. Et il arrive que l'un d'eux, que la phrase n'attendait pas, s'y installe et, irrésistible, en modifie le sens et la musique.

Alors que la moiteur gagnait de plus en plus mes mains lors des séances à la Maison des mots, devenue aussi la mienne en dépit de mon scepticisme, la peur, comme par un coup de vent, effaçait du propos que je tenais le mot choisi, calculé, le mot clé, dont restait la trace, dans l'oreille, du rythme et du nombre de sons ; et, intacte – c'est bien cela l'inexplicable – la signification, le sens, à croire que la mémoire se souvient de l'essence quand la lettre fait défaut. Seule la spontanéité récupérait tous les termes nécessaires au moment.

Ensuite, il se produisit un phénomène saugrenu, une distorsion du réel telle que seuls en manigancent les rêves, partant, comique malgré sa gravité. Je n'en saurais pas déterminer le jour ni l'heure, mais je suis sûr que le nouveau dérèglement ne fut pas progressif : je vis les lettres que je traçais, les mots que j'étais en train d'écrire, j'assistais non pas à l'invention de l'alphabet, mais à la configuration des mots, de leur forme, de leur représentation ; je voyais pour la première fois l'image de sons articulés sur le papier. Je me souviens de m'être rappelé le cosmonaute sur la Lune qui discerna dans le ciel une boule bleue : la Terre ?

De quelle distance percevais-je les mots formés par ma main sous mes yeux ?

J'éprouvais une sorte d'exaltation. J'ignorais que s'ensuivrait l'érosion des syllabes par le brouillage de leur graphie. Mais soudain je sentis que l'on pouvait cesser d'être en restant vivant.

Si, à peine adolescent et sans guide pour conduire mon apprentissage du français, je passai en peu de temps du déchiffrage à une lecture fluide sans problème, ce fut grâce à la prédominance de ma mémoire visuelle qui, plus attentive chez moi que les autres filles de Mnémosyne, engrange certes sans discrimination les formes et coloris que l'œil capte, lesquels restent à la disposition de la pensée qui les évoque et que l'oubli a du mal à ensevelir.

Quinze ans après cette initiation solitaire, lorsque, arrivé en France, l'ironie du sort voulut que je devienne lecteur de littérature espagnole et italienne, obligé de rédiger des rapports dans une langue que je ne m'étais jamais risqué à écrire, je réussis à rendre intelligibles mes remarques et respectable mon avis, nonobstant ma maladresse dans l'agencement des mots, parce que la figure de ceux-ci était gravée dans ma rétine, de façon, croyais-je, indélébile.

Désarçonné, au centre d'un monde dépeuplé, je me suis risqué à ouvrir un livre par moi écrit dans ma langue maternelle, avec l'espoir que la subite étrangeté ressentie devant les mots de cette langue française qui m'avait refaçonné se reproduise dans la langue antérieure : à l'éclipse de ma langue de prédilection, je préférais que l'atteinte fût unanime. Ma patrie a toujours été loin des origines, ailleurs – encore ailleurs.

Je fus d'emblée étonné à la vue des mots les plus courants, car l'assemblage des caractères qui les forment me paraissait inédit, au point de soupçonner des fautes d'impression ; ensuite, je les reconnaissais, peu à peu, et leur pertinence : oui, je les avais toujours utilisés ; ces lettres, dans cet ordre, étaient leur juste enveloppe.

Depuis l'enfance, depuis les premiers pas dans le latin, que j'ai oublié, il me plaît de considérer une langue à partir d'une autre. Parfois, le mot banal, le mot serviable auquel on ne prête pas attention, observé de loin, parce que l'oreille l'accueille avec plaisir, chante ; parfois, en revanche, le mot prestigieux dévoile sa laideur fardée. Les langues bougent, elles changent sous le regard de celui qui les observe ; et il y a autant de visions du monde, autant de mondes, que de langues.

Il fallait que je remette de l'ordre, que je soumette le délire à la loi. Je ne saurais pas dire ce qu'elle est, celle-ci, mais qu'elle est en moi, je le sens.

Si la grâce d'une certaine distraction du trouble m'était accordée, la lecture et l'écriture ne trouvaient pas d'obstacle ; mais, soudain alerté, je m'arrêtais en sursaut : la peur barrait la route à la phrase et, d'un coup, il n'y avait plus de route.

Je me rappelais souvent une conversation avec un ami suédois, Lars Erik Ryber, il y a bien des années, dans un hôtel de la banlieue de Genève – bien que le mot banlieue ait pris une coloration qui ne convient pas aux alentours de cette ville. J'en gardais un souvenir plaisant ; nous avions beaucoup ri. Comme il arrive à des gens qui se connaissent et s'estiment sans pour autant avoir jamais tâché de ménager une rencontre – par crainte de rester muets en face l'un de l'autre ? – les propos se succédaient, n'attendant pas la réaction de l'interlocuteur et, en accord avec la nature des écrivains, ils avaient de toute évidence été ruminés, polis, mentalement écrits, en prévision d'une occasion de briller ou d'en essayer l'efficacité.

Lorsque à l'avenir je me souviendrais de nos monologues parallèles je mettrais l'accent sur le sien : il abondait en aveux déconcertants qu'il livrait sur un ton fantaisiste, célébrant leur conclusion d'un rire sonore et bref, toujours d'une égale durée.

Mais, il n'y a guère, quand il m'arriva brusquement de ne pas reconnaître le visage des mots, les derniers qu'il m'avait adressés environ dix ans auparavant, sur le départ, après l'au revoir, se mirent à résonner comme une prédiction.

53

Nous étions convenus de nous retrouver à neuf heures pour le petit déjeuner dans la salle attenante au hall, dont les fenêtres donnaient sur le Rhône, à moins que ce ne fût sur l'Arve. En avance, je l'attendis. Exact au rendez-vous, il refusa de rien prendre : il se réveillait de bonne heure, avec le soleil, où qu'il se trouvât, sauf dans son Nord. Il avait déjà déjeuné sur la terrasse.

Il devait être un habitué de l'hôtel pour se mettre ainsi à l'aise et descendre en robe de chambre et chaussé de pantoufles, celle-là, de serge anthracite, rappelant un habit ecclésiastique, et celles-ci, des escarpins en chevreau à semelle presque invisible, des chaussons de danseur. Un bonnet qui avait l'adhérence d'une calotte parachevait la mise.

Il n'est pas commode de beurrer une tranche de pain devant quelqu'un qui, en votre compagnie, se refuse à rien prendre. Verser le thé qui, en général, goutte, ajouter du citron ou du lait sans trop détourner l'attention de votre interlocuteur, qui tient fort à ce qu'il vous raconte, tourner la cuiller, deviennent des opérations fastidieuses. Vous avez beau renoncer à la confiture ou ralentir le mouvement des mâchoires, croquer un toast vous rappelle une vitre brisée, le tintement des couverts celui d'un carillon.

Nous regardions les oiseaux qui picoraient dans une lagune que semblait ménager le fleuve – petite tribu aux piaillements rauques, sous nos fenêtres. Les clients de l'hôtel leur jetaient-ils des miettes, les poules d'eau couraient véloces piquetant l'eau avec la dextérité du virtuose qui parcourt en moins que rien le clavier. Lars Erik savait les nommer tous et connaissait les habitudes de chacun ; puis, d'un oiseau à l'autre, il évoquait l'oiseau de passage, le coureur, le plongeur, le diurne et le nocturne, et ceux qui ne volent que guidés par les étoiles, et bien d'autres dont je n'ai rien retenu.

Sa leçon d'ornithologie reposait-elle sur une vraie connaissance ? Il m'apprit le nom des fleuves, ou des rivières qui partent d'un lac et finissent par se jeter dans un autre. Or, plus tard, ayant demandé des précisions à un géographe rencontré chez des amis, celui-ci me regarda avec un sourire d'incrédulité : il n'en avait jamais entendu parler, je devais confondre...

Était-ce pendant l'hiver 1986, ou 1987 ? Une navette spatiale avait explosé au décollage quelques jours auparavant, à Cap Canaveral. Je garde intacte l'image de Lars Erik au moment où, attiré par les commentaires de nos voisins, il s'interrompt, et, s'adressant à moi, les paupières plissées, les lèvres fines bordées d'un cordonnet bien rouge entrouvertes : « Si j'étais sûr d'être seul à bord et que toutes les caméras du monde soient braquées sur l'appareil, je n'hésiterais pas. »

Il guettait ma réaction. Je me suis contenté de frapper de la cuiller trois petits coups très lents, très faibles, sur la tasse, comme j'avais vu faire jadis à un acteur new-yorkais qui jouait *Les Ratés*, de Lenormand, en yiddish, tandis que la lumière et le rideau baissaient. Il éclata de rire, se détendit, changea de ton : il soutint qu'il m'enviait, qu'il eût aimé abandonner sa langue. Il en avait été tenté, mais c'était déjà trop tard. Il regrettait la langue allemande, qu'il connaissait, ainsi que la plupart de ses concitoyens, et qu'il fallut adopter, tellement plus conforme à la philosophie, son penchant le plus précoce... Il en gardait une nostalgie inguérissable. Cela avait été sa vraie vocation, son chemin ; les circonstances l'avaient empêché de se limiter à une seule langue, la langue allemande, la seule en connivence avec la langue et la pensée grecques : « Regardez les Français, quand ils commencent à penser, c'est qu'ils parlent l'allemand... pardon! » Sa résignation à sa langue natale l'avait conduit, puis réduit à la pratique du roman que, par parenthèse, il convenait d'oublier lorsqu'on entrait dans la soixantaine : le roman exigeait une folie que l'âge éteint; dans le meilleur des cas, on devenait tristement sage; on rêvait d'éthique, d'une œuvre morale.

Il dit encore qu'il aimerait partir, tout quitter, habiter ailleurs, loin, plus loin, mais cela lui était impossible : les siens, son vieux père, ses enfants tardifs...

Pourquoi les hommes croient-ils si souvent qu'ils auraient pu mener une autre vie tout en restant eux-mêmes?

Je devais partir. Il promit de me faire signe dès son prochain voyage à Paris. Il rit encore une fois. Un petit rire. Puis : « Faites attention, vous qui appartenez à deux langues : prenez la précaution de ne pas vivre trop vieux; il paraît que l'on finit par n'en plus parler aucune. »

54

Je ne me souviens pas d'avoir entretenu des rapports paisibles avec les mots. Ils mènent une vie indépendante de la raison et aucune expérience ne s'épuise du fait qu'ils n'en épuisent aucune. Mais je n'avais jamais douté de leur solidarité.

Dans mon ignorance des sièges de la mémoire, des labyrinthes du cerveau, je craignais une lésion, une maladie irréversible, que la vie, enfin, ne me laisse dans ce monde que pour assister à la lente érosion de mon intime cosmogonie, sans plus le moyen de la raconter.

J'ai commencé à me sentir rassuré après avoir décidé de mettre à l'épreuve l'un des aspects de la mémoire : la mémorisation qui est un acte de volonté. Je m'étais rappelé l'enfant surpris par les vers d'un premier poème trouvé dans le journal que le père obligeait les garçons à lire afin qu'ils soient au courant de la marche du monde. J'avais revécu, un instant, le bonheur émerveillé de l'apprenti bouvier le jour où, alors qu'il ramenait le bétail à la ferme, le poème était monté en lui et ses lèvres l'avaient répété.

Avec tous les enfants, je me vantais devant mes parents et mes frères et sœurs de mes trouvailles, de mes prouesses, mais le petit miracle du poème je le gardai pour moi ; il fut mon plus cher secret. Et ce fut en secret que tant d'années plus tard je me suis entraîné, non sans anxiété, à inventorier les mécanismes de la mémoire. Ma première tentative donc, l'apprentissage d'un poème. Je pris le soin d'en choisir un contraint par la métrique et par la rime – adoptées sans doute jadis pour favoriser la stabilité du souvenir, et si agréable, au reste, à l'oreille. La gloire de Dante ou de Racine serait-elle si vivante, leur œuvre dépourvue de ces artifices ?

J'appris quatre strophes en moins d'une heure, c'était encourageant ; mais, en les retrouvant intactes au réveil, je retrouvais la joie de l'enfant d'autrefois, quoique tempérée : celle du naufragé qui aperçoit enfin la rive tout en sachant que la mer est trompeuse, qu'elle ne cesse de déplier ses vagues, de déployer la distance. De cette expérience je fis un exercice quotidien, puis j'abandonnai les béquilles du vers et j'entrai dans la prose.

A l'inertie provoquée par la peur, au vague, j'opposai la vigueur de l'attention et plus que de la persévérance, de l'entêtement, jusqu'à me persuader que la mémoire triomphait des remous du langage, qu'elle rouvrait ses archives. La mémoire d'une langue seconde qui devient la première est toujours une mémoire artificielle.

Il restait à résoudre la défaillance de l'œil face à l'écriture de la parole – tous ces mots que j'avais appris, lus et formés au jour le jour tout le long de ma vie ; ces mots qui étaient entrés en moi par le regard, et qui s'étaient installés en moi, éduquant selon leur esprit le mien, mes sentiments, mes pensées. Il fallait que l'œil les recouvre un à un, leur sens demeurant impuissant à en fournir la figure exacte.

Et dire que, encore lecteur laborieux du français que j'apprenais pour bien lire Valéry, je connaissais déjà le procès qu'il fait à l'orthographe, qu'il voit tel le recueil impérieux ou impératif d'une quantité d'erreurs d'étymologie artificiellement fixées par des décisions inexplicables...

Aujourd'hui, c'est l'accalmie après la tempête. Je crois avoir ramené au bercail jusqu'à ces syllabes qui ont cherché à trahir l'amour que je voue à leur bizarrerie.

55

Les mots... Avec eux, une énergie s'éveille dans l'enfance et s'empare de nous, nous rendant capables de produire ce qui, englouti, inexprimé, monte à la surface de l'être ; parfois, chez quelques-uns, ils atteignent à cette énergie supérieure : l'effusion rythmique qui est le pouvoir physique de chaque langue ; qui propulse notre désir indécis, nous fraie le chemin qui, parcouru jusqu'à son terme, sera nous-même.

Les mots font partie de nous ; ils sont l'hameçon de la pensée permettant à celle-ci de gagner la surface où règne le jour ; ils sont notre trésor – mais que de couchants dans leur empire !

Ils naissent démunis de science infuse, ignorant leurs ancêtres ; ils grandissent, s'affirment, ils entrent au service des affaires du monde, puis un jour leur labeur fébrile et emmêlé se mue en fables qui résument les histoires de l'homme, et, plus loin, plus haut, l'histoire de son âme. Ils ramènent le passé au présent et relient le présent à l'avenir, guidés par des scribes successifs qui les ont pesés et soupesés pour les bien faire tenir dans le paragraphe qu'une cadence et sa résolution ont devancé et, avec elles, l'idée.

C'est la période de leur durée où ils s'enflamment, où ils fulgurent ; puis ils s'en vont avec les soleils ; ils vieillissent, ils se retournent dans un sommeil de siècles, de millénaires, et comme nous, mais si longtemps après, ils trépassent ; ou bien, ils se réveillent métamorphosés, bâtards qui deviendront des princes, pour nommer les étoiles et la douleur et les roses et, oublieux, ils raconteront une nouvelle version du monde.

Et ainsi de suite pour distraire l'éternité, tant qu'il y aura l'homme.

56

Donc, Hector Ramírez était mort dans le Tessin.

Je suis arrivé tard le soir à Lugano, dans l'assourdissant appareil qui seul relie Paris à cette ville que le lac sépare de l'Italie. Il faisait encore jour ; la chaleur était d'une intensité et d'une mollesse tropicales. L'hôtel où une chambre avait été retenue se trouvait en plein centre, à quelques pas de la place principale. J'y déposai mon sac de voyage et, selon mon habitude, je sortis explorer les alentours, cherchant à délimiter une aire, dans la crainte de m'en aller sans retour dans le sommeil. J'arrivais pour la première fois à Lugano ; j'avais besoin de limites, de contours.

La place, quadrangulaire, vaste et entourée d'une architecture honnête, laissait deviner, à l'angle qu'ils formaient, mais décalés, deux grands bâtiments, le lac et, au-delà, sur l'autre rive, des collines qui s'estompaient.

Les cafés se prolongeant côte à côte en plusieurs rangs de tables au grand air, proposaient cette vue en avant-goût du paysage. Les serveurs semblaient affables, sans les mimiques mielleuses et instantanées de ceux qui se forcent à le paraître ; les clients de tous âges, des familiers ; l'atmosphère qui en émanait, bon enfant.

Parmi le nombre inconsolable de choses que j'ignore, la géographie dispute à l'histoire le premier rang. Encore une fois, assis sous le ciel tiède de la place, je constatais nonchalamment le fait, et que je ne tienne pas aux dates ou aux circonstances et aux moments où les événements capitaux se sont produits ne signifie pas que la paresse en soit la cause, ni un manque de formation appliquée, bien conduite. Sans le savoir, on sait les choses qui nous attirent avant de les apprendre. Lorsqu'on a eu la possibilité de s'instruire, le savoir qu'on possède est le fruit d'une nécessité née avec nous. La vie n'aura pas été ce que nous croyions avoir accompli ou raté, mais ce qui en nous réclamait d'être porté à la lumière, envers et contre tout.

Aimanté par le beau et le laid et par les analogies que leurs formes entretiennent dans les règnes du monde, j'ose me dire à voix basse que j'aspire à l'essence, à cette goutte qui palpite dans l'être – parfois goutte d'eau millénaire au cœur d'une pierre. Je ne vis pas un seul jour que je ne me rappelle que je suis de passage.

En dépit du partage de son territoire en États autonomes et de la diversité des langues et des parlers régionaux, je croyais homogène l'image que j'avais de la Suisse, alors qu'elle n'était que frivole : j'avoue que, en marge des grandes villes et en dépit de ses paysages policés que l'on dirait conçus par un ondoiement serein de la planète et déferlant jusqu'au vertige par instants, le souvenir me revenait d'abord des grandes fermes, maisons de bois fleuries à profusion de géraniums rouges, et de cette éthique qu'est la propreté du linge.

Je suis rentré à l'hôtel soulagé : j'appréhendais de me trouver dans une forteresse de l'argent où, comme à Zurich ou à Genève, les maisons ont l'air de coffres-forts ; aussi l'allure détendue des clients dans les cafés de la grande place – certes, c'était le soir, et dimanche – masquait la vocation de Lugano.

Je pris dans le hall le journal du canton, le *Corriere del Ticino*. Rien que l'espace et l'ordre accordés aux différentes rubriques vous renseignent sur l'esprit d'une publication et celui de ses lecteurs. Dans l'avion, j'avais épuisé quelques quotidiens italiens et français, et j'avais dû ensuite demander à l'hôtesse un surcroît de serviettes humidifiées pour me nettoyer les mains noircies par l'encre qui, surtout dans les gros titres et les reproductions photographiques, s'épaissit à en devenir sensible au toucher.

Le *Corriere del Ticino*, que je parcourus avec soin, me parut neutre dans tous les sujets traités. Je le pliai, je n'avais nul besoin de me laver les mains et en éteignant la lumière, je m'entendis dire : « Oui, tu es bel et bien en Suisse. »

57

Je mis longtemps à m'endormir. Après l'aveu du nom de l'ami, auquel Ruiz condescendit alors que je m'apprêtais à quitter Córdoba, un autre de mes condisciples de séminaire de ma classe fit son apparition. Cinquante ans de silence et sans doute d'oubli réciproque nous séparaient, mais néanmoins je le reconnus. Il était le premier franciscain portant la tunique de bure marron, avec son scapulaire, son capuchon et en guise de ceinture la cordelière blanche à trois nœuds, que je voyais depuis mon départ du séminaire. Il y tenait, peut-être en tant que supérieur du couvent de Santa Fe.

Au lieu de me poser des questions directes sur l'état présent de ma foi, il essaya de me sonder par le biais de la théologie : il se souvenait qu'elle m'incitait à controverser les dogmes, à mettre des bâtons dans les roues.

La nouvelle du décès récent de notre recteur, le Père Leonardo González, alors que je le supposais mort depuis longtemps, me fit de la peine. Et le croirais-je ? comme on voulut annoncer la nouvelle au Provincial, qui était le Père Salgado – notre professeur de latin –, lequel séjournait dans le même couvent, on le trouva agenouillé au pied de son lit, mort lui aussi.

Mon camarade de jadis, loquace mais au débit monocorde, me donnait, quel que fût le sujet, l'impression de reprendre un récit appris par cœur : sa lèvre supérieure, étirée, immobile, au point d'évoquer une paralysie circonscrite dans ce seul point du visage, en accentuait la monotonie.

Agréable, notre rencontre se mêlait à chaque instant d'irréalité. Il passait en revue notre classe et, prononçait-il un patronyme, un visage surgissait des gisements les plus inaccessibles à la mémoire, les traits et l'expression volés au néant aussitôt brouillés : une photographie tremblée, et adieu.

Lorsque je l'interrogeai sur Hector Ramírez, il se montra précis tant qu'il loua son savoir théologique, qui lui avait valu d'être envoyé à Rome pour parachever ses connaissances. Mais, lui demandai-je, pourquoi notre ami avait-il défroqué ? Il l'ignorait. J'insistai : pourquoi la Suisse, pourquoi s'y être installé ? Il n'en savait rien ; il s'était laissé dire qu'il y avait eu une femme, à Rome, une étrangère...

Et j'entendis de ses lèvres, mot à mot, la phrase du Père Rodríguez, trente ans auparavant, à Paris : « ... Mais il s'est confessé sur son lit de mort. »

L'Ordre avait-il imposé une version brumeuse des faits, et le salut du repentir dans la conclusion ?

Conscient que je restais insatisfait, pour ménager une transition, le supérieur du couvent de Santa Fe me dit, l'air vague, que la sœur de Ramírez avait fait le voyage pour son enterrement, et que c'était une religieuse de l'ordre des sœurs de la Charité, à Tucumán.

Remarqua-t-il l'exaltation sur mon visage ? Il ajouta qu'à son tour elle était morte.

Ni morte ni très âgée, sœur Estela, que réjouissait mon intention de me rendre sur la tombe de son frère, me fit parvenir une lettre détaillée me procurant toutes sortes de renseignements : le nom du village où il était enterré, dans « le cimetière de l'église », précisait-elle, le nom de la famille qui l'avait accueilli, l'adresse de la propriété et, à tout hasard, l'ancien numéro de téléphone.

Le numéro de téléphone de la famille Mombello n'avait pas changé.

58

Les indications que Mme Mombello, qui m'attendait chez elle à onze heures, me donna au téléphone, coïncidaient avec celles de sœur Estela. Je trouverais la propriété après avoir traversé le village de S. dans les hauteurs ; en y arrivant, je verrais au passage l'église et le cimetière contigu, mais en fait presque invisible depuis la route. Je tenais à le visiter d'abord tout seul, même si Mme Mombello m'avait prévenu que personne d'autre qu'elle ne pouvait me renseigner sur les secrets du lieu : j'en serais surpris. Et elle avait raccroché sec.

Le soleil déjà haut, le ciel incolore, l'atmosphère d'étuve qui m'avait frappé à l'aéroport et encore tard dans la nuit ne cessait de s'alourdir depuis le lever du jour, s'atténuant à mesure qu'on s'éloignait de la ville, surtout du lac qui réapparaîtrait à deux ou trois reprises entre les collines. De tous les points de vue proposés par les lacets du chemin, elles semblaient être à l'ombre, tant la végétation qui les enveloppe est touffue et d'un vert qui, par endroits, vire au noir. On eût dit que plus nous avancions, plus le paysage nous y enfermait. Ici et là des cyprès ponctuaient sa densité uniforme, rappelaient la Toscane ; et quelques taches d'un vert tendre, dans la vallée, au pied des montagnes, y interrompaient la monotonie : des vignobles dont la vigne me parut très haute, comparée à celle des vignobles français ; selon le chauffeur, les échalas étaient en granit, depuis toujours.

Les maisons se fondaient à distance dans la végétation – pas une seule qui ressemblât à celles colorées de géraniums des régions autrefois traversées.

Par moments, j'oubliais le motif du voyage que j'étais en train d'accomplir. Y pensais-je ? j'éprouvais juste le sentiment de tenir une promesse, comme on fait à des amis qui vous ont prié de déposer un paquet chez des gens de leur connaissance.

Pourtant, j'eus un serrement de cœur quand, ralentissant, le chauffeur me signala, à gauche, le panneau sur le bord de la route – nous arrivions à S. – et bientôt, à droite, l'église sur un modeste promontoire. Je n'aurais su m'expliquer pourquoi j'étais venu, mais il devait exister une raison qui dépassait mon goût du classement, ce qui est une façon efficace d'en finir avec ce que l'on classe.

Un escalier ample et lent, aux marches généreuses. Un portique à cinq arcades et, par-dessus, le triangle grec du tympan. Façade fraîchement repeinte d'un jaune très pâle, avec des détails roses et bleu ciel.

Je cédai le pas au chauffeur. Je supposais fermé le portail : partout, de nos jours, les curés desservent plusieurs paroisses ; la possibilité d'un vol me paraissait sinon prévisible, concevable – mais j'aurais l'occasion, en deux jours, de constater que l'on ne prenait pas de précautions dans ce pays où, peut-être, personne ne condescendait au pillage des églises. Le chauffeur poussa avec délicatesse le battant et, à quelques pas derrière lui, je sentis, ou imaginai, la fraîcheur de la nef à peine aperçue.

Je voulais rester seul. Mes mains ne tremblaient pas, mais au fond de moi je tremblais. C'était un murmure dans le sang, les palpitations d'un réveil d'âme. Lorsque je commentais avec le chauffeur le coloris de la façade, toute mon attention allait au mur d'enceinte du cimetière, à la grille de fer entrouverte, à la minuscule construction, peut-être un ancien oratoire dont j'apercevais d'emblée la fenêtre, le dessin ferme de la corniche, la délicatesse des ferrures.

La grille ne grince pas quand je l'écarte. Il n'y a devant moi qu'une brève étendue d'herbe, sans doute tondue quelques semaines auparavant – du chiendent entretenu ? Pas de tombes, mais tout autour de l'enclos, appuyées les unes sur les autres, comme prêtes à un déménagement, des dizaines et des dizaines d'humbles dalles, des plaques de bois qui en tiennent lieu, avec des inscriptions que l'on dirait gribouillées au goudron, une colonnette tronquée d'albâtre, avec une rose grandeur nature. A moins d'un sort complice, il me faudrait plusieurs heures pour passer en revue l'ensemble et y trouver celle qui aura marqué un jour, dans ce lieu, le repos de l'ami.

Des peintures représentent des pierres tombales sur le grand mur du cimetière, qui est celui de l'église, de taille et d'ornementation diverses, et dans l'une ou l'autre, comme dans les cimetières d'Italie, de petits verres ovales et bombés préservent le visage des défunts, quand leur nom s'est effacé.

Où étaient-ils, les morts, dans cette brocante ?

J'entendis derrière moi un bruit à peine audible, ou plutôt j'eus l'impression d'un bruit : le pas du rôdeur dans le sommeil, l'intérieur du coquillage qu'on éloigne de l'oreille. Une terreur glacée me saisit sans qu'aucune image l'accompagne ; mais un frôlement, peut-être une simple bague sur la grille de fer, que seul pouvait capter quelqu'un sur ses gardes, me sortit de la paralysie : deux femmes habillées de la même façon, tablier noir sur robe à petites fleurs, fichu noué sous le menton, faisaient déjà demi-tour. Je les regardai descendre l'escalier, l'une d'elles non sans quelque gêne, puis s'éloigner en trottinant jusqu'à atteindre la rue qui bordait la pente rapide du terrain. Elles disparurent sous les arbres et, plus loin, sous le velum des terrasses.

Au pied de l'escalier, le chauffeur, lui aussi, les avait suivies du regard.

Il me restait encore un quart d'heure. La porte de l'oratoire fermée, je voulus observer de près la grande croix qui paraissait bien plus ancienne que l'église. Porté aux scrupules, j'en avais à marcher sur l'herbe des morts qui crissait doucement. Le socle sur lequel pesait la colonne que surmontait la croix, était à demi enfoncé.

Un souffle chaud amena l'odeur impudique des foins fauchés. Je pressai mes narines et en même temps secouai la tête comme pour faire tomber ces résidus de la mémoire que l'odeur soulevait, l'odeur venue de l'enfance, d'un certain hangar, celui où les frères Chirieleison étaient nés, et qu'ils avaient rasé.

Un petit rire et un mot de bienvenue : sur le seuil, longue, mince et sans hanches, le visage masqué par d'énormes lunettes noires et un panama à large bord roulé avec négligence, Mme Mombello s'appuyait de la main gauche sur une béquille.

J'avançai vers elle, qui fit un pas vers moi.

59

Mme Mombello me tendit la main, je m'inclinai et lorsque je levai la tête elle retira ses lunettes avec des lenteurs de cinéma, fixant avec une intimité intrépide ses yeux tapis sous des paupières plissées dans les miens, tandis que le bout de sa langue paraissait et disparaissait entre ses lèvres qui étaient fines et serrées.

Elle était très âgée, mais il y avait de la fermeté dans sa voix, une jeunesse qui contrastait avec ce tremblement des mains, flagrant dans la main libre, m'empêchant par décence de regarder la grosse bague qu'elle portait au majeur, dont je percevais du coin de l'œil l'éclat sous le soleil.

« Les femmes que vous avez vues tout à l'heure, vous avez pensé qu'elles étaient mes envoyées, n'est-ce pas ? En effet, ce sont mes domestiques. J'imaginais que vous vous arrêteriez ici avant de venir chez moi. Logique. La vue d'une tombe, à défaut du cadavre, aide à faire le deuil. N'est-ce pas ce que vous cherchez ? Et puisque vous passiez tout à côté, vous avez éprouvé une certaine urgence. C'est bien, on gagnera du temps. Ai-je bien compris vos propos au téléphone ? »

Médecin, plus de cinquante ans à l'Hôpital cantonal de Genève, elle avait les manières du professeur qui, en toute occasion, garde un ton ferme et poliment impersonnel, alors que dans son for intérieur il est peut-être heureux de vous annoncer une bonne nouvelle, ou désolé d'admettre son impuissance à vous sauver la vie. Le ton ne change pas.

« Suivez-moi. Non, non... Je m'aide de cette béquille par crainte que ma jambe ne flanche, elle a été victime d'une collègue illustre », dit-elle en se retournant vers moi, et j'eus l'impression que sa bouche s'ouvrait dans le sourire jusqu'aux pommettes. Puis, devineresse : « N'ayez pas de crainte, cette herbe se redresse derrière nos pas et renaîtra telle quelle pendant la nuit. Vous étiez là, une main appuyée à la colonne, côté gauche, la tête inclinée, quand je suis arrivée. En avez-vous fait le tour ? Non, c'est évident que non. Venez. Passons au côté droit. Regardez. »

Elle écarta les touffes d'herbe en se servant de sa béquille. Je décelai, puis vis, une pierre tombale rectangulaire, d'un demi-mètre environ. Des lettres en creux, les deux dates : « 1926-1957. » Je me dis : « Il aurait aujourd'hui soixante-douze ans » et, les genoux pliés, je réussis à déchiffrer le nom gravé : « Sebastián H. Ramírez. »

L'Évangile ne parle-t-il pas, à propos du converti, d'un homme nouveau ? Suivant la tradition, il s'était rebaptisé. Un « H » entre le prénom et le patronyme rappelait son nom de baptême. Était-ce le langoureux saint Sébastien percé de flèches de la peinture qu'il avait pris comme modèle ? N'avait-il pas été trouvé mourant par une veuve, tué plus tard à coups de bâton et jeté dans la *Cloaca maxima* de Rome, qui charriait les immondices déversées par les égouts et, pour finir, retrouvé enseveli dans les catacombes ?

« Votre ami a été enterré ici, à même la terre, n'est-ce pas ? mais il n'y est plus. Je suis restée longtemps dans l'ignorance du déplacement du cercueil, enfin, des restes. Sébastien et Don Lorenzo, le curé, alors, de cette paroisse, étaient convenus d'un autre endroit. Ici. L'emplacement du cercueil, la pierre tombale, la messe des défunts, la présence de Don Lorenzo, que je ne connaissais pas, appelé d'urgence par notre ami, quelques jours avant le dénouement, tout cela n'avait qu'un but : consoler sa sœur Estela, lui faire croire qu'il s'était repenti. Je la vois encore, là où vous êtes, avec son habit des sœurs de la Charité... Il n'y en a plus de nos jours, avec cette merveilleuse cornette, deux grandes ailes blanches bien empesées... Tout l'air d'une mouette qui vient de se poser sur terre. Ils étaient restés très liés. Peut-être éprouva-t-il in extremis le besoin de se confesser, mais tout le reste... des mesures prises par Don Lorenzo pour ne pas faire de la peine à sa sœur. Elle était sa cadette. Il souhaitait qu'elle vienne. Et elle est venue. Mais il était mort la veille. Je suis allée la chercher à l'aéroport, à Milan, pour l'en avertir. Je me rappelle ses grands yeux noirs, de petite fille trahie. Et son sourire en me disant : " Nous aurons l'éternité pour nous retrouver. " Je vous raconterai en détail ce que je crus comprendre de la vie de Sébastien, et le secret que Don Lorenzo me confia lorsque, très malade, il voulut s'en libérer. Nous nous étions croisés quelquefois dans le village, mais sans jamais évoquer Sébastien. Plus de vingt ans plus tard... Je vous raconterai. »

Où avait-on, donc, déposé le cercueil, les restes, selon l'expression de Mme Mombello, de quel côté de l'enclos où nous marchions sur l'herbe ?

Elle épingla au coin des lèvres un sourire qui se voulait triste, en enlevant de nouveau, d'un geste lent, ses lunettes : les paupières plissées, elle semblait dévisager par-dessus mon épaule, au-delà du mur de clôture, quelqu'un qui avançait vers nous, ses yeux raccourcissant à mesure la distance qui l'en séparait, comme lorsque l'objet de notre attention se rapproche de nous.

Non, je ne me retournerais pas. Il n'y avait personne, à moins que, maintenant tout près, le mur ne dissimulât une présence.

Mme Mombello remit les imposantes lunettes qui chevauchaient son nez. Peut-être ne s'était-il agi que d'un jeu de scène.

« Regardez la petite chapelle... Venez. C'était l'ossuaire. Il fut fermé au début des années trente, et, tout en respectant, mais pas assez, cette ravissante petite chapelle, on l'a ouverte sur le portique de l'église et on y a construit un autel en ciment qui n'a rien gagné à être peint. Avez-vous jeté un coup d'œil au portique en arrivant ? Venez. »

Non : désormais, je ne quitterais pas le cimetière sans connaître l'endroit précis où le cercueil de Sebastián avait été placé.

« Il est là, dit-elle, l'index pointé vers le bas : votre ami, qui n'exprimait jamais de souhaits, en formula deux lorsqu'il comprit qu'il ne tarderait pas à s'en aller. Je ne connaissais que celui qu'il avait formé de revoir sa sœur ; il me demanda d'intervenir auprès de la supérieure de son couvent pour qu'elle puisse faire le voyage ; l'autre, c'est par Don Lorenzo que je l'appris, comme bien d'autres choses que je vous raconterai à la maison. Sébastien... vous trouverez ce mot emphatique, il l'est, mais il me paraît juste : Sébastien a courtisé longtemps le néant. Je respectais sa réserve. Dans ma vie professionnelle, je n'ai pas prétendu savoir, j'ai toujours tâché de comprendre le malade. Il y a un moi de chaque malade qui ne ressemble pas à l'être en bonne santé qu'il a été. On dirait que devant la mort on prend conscience d'une vie enfouie qu'on a vécue sans s'en apercevoir. Je crus comprendre assez vite que Sébastien convoquait la mort non pas pour mourir mais pour vivre sa mort. Vous saisirez mieux ce que je tente d'exprimer quand je vous mettrai au courant de certaines choses, et des confidences de Don Lorenzo. Depuis votre appel j'essaie d'ordonner les pièces du puzzle Sébastien H. Ramírez. Au fil des ans j'ai pu observer chez les malades que le nombre de ceux qui attendent la fin ne cessait d'augmenter ; il y avait ceux qui attendaient leur mort avec sérénité, et ceux qui ayant perdu la foi affichaient un calme mais permanent défi dans leur expression. Sébastien, lui, voulait s'assurer non pas de mourir mais de disparaître, de se dissoudre, pas seulement de ne plus être et de pouvoir penser en mourant qu'il n'avait pas été. Naïf ? Certes. Et pour un théologien... Il est là, anonyme, dans l'ossuaire qui, à sa mort, était scellé depuis un quart de siècle. Don Lorenzo... Ayez patience, vous saurez tout, tout ce que je n'ignore pas. A la maison. Pour le moment, permettez-moi d'en finir avec ce lieu, suivez le guide ! Il y a plus de soixante ans que l'ancien cimetière a été, en tant que tel, abandonné pour le nouveau :

certaines familles ont pu y transférer leurs défunts et leur donner une vraie sépulture. Mais sans doute avez-vous remarqué ces pierres tombales empilées tout autour et celles en trompe l'œil dans le mur de l'église : une question de moyens, d'argent. Et pourquoi croyez-vous que l'on tienne à les conserver sinon parce que les morts pauvres sont là, sous nos pieds. C'est pourquoi on garde ce lieu en l'état. Ah ! pas de tombes discrètes, bien alignées, avec leur bordure de bégoniacées à petites fleurs, ici. Regardez la splendeur de l'herbe, elle pousse moins dans la terre que dans une farine d'ossements. Venez. »

Midi : perpendiculaire, exact, en fil à plomb sur nos têtes ; et la vapeur accrochée aux collines sur la vallée. Mme Mombello supportait bien la touffeur. Elle portait une sorte de tunique sans manches et sans revers, à pans arrondis, sur une jupe étroite et un chemisier blanc ; dans le poignet à revers, un mouchoir. Il y avait de la délicatesse en elle, mais aussi l'inflexibilité de qui a longtemps exercé un pouvoir et imposé une discipline.

Le chauffeur avait déplacé la voiture, mais l'ombre de l'arbre avait rétréci. En revanche, celle de Mme Mombello, à bon escient, avait été mieux rangée, bien qu'assez loin.

« Venez. Regardez cette horreur. Qu'en dites-vous de cette loge de théâtre de village ? Et de ce saint Antoine de Padoue en plâtre ? »

Ce n'était pas la laideur qui pouvait m'impressionner, mais de voir la statue du saint franciscain dans la chapelle de l'ossuaire où Sebastián était et n'était plus, avec l'habit que l'ami portait déjà quand nous menions une vie furtive au séminaire.

60

« Au septième tournant après le pont, l'allée des châtaigniers. Ne cherchez pas la maison, vous ne la verrez qu'en y arrivant... Suivez ma voiture ! », cria Mme Mombello à mon chauffeur d'une voix soudain éraillée, mais toujours didactique, me refusant de l'accompagner jusqu'à sa voiture qui reculait vers nous.

Pour la première fois depuis le départ de Lugano, le chauffeur, une fois le village dépassé, attira mon attention sur une montagne que l'on pouvait dire grandiose au regard de toutes celles qui l'entouraient. D'un autre point de vue, lorsque nous montions vers l'église, mes yeux l'avaient captée, mais sans que je m'en rendisse compte. Je m'apercevais maintenant que par-dessus l'enceinte du cimetière elle m'avait paru proche.

« Son nom, elle doit en avoir un ?

— " Monte Generoso ". On y trouve des fleurs et des insectes qui n'existent nulle part ailleurs en Suisse ; en vous y promenant, vous pouvez tomber sur des renards, des daims et, partout, des écureuils. J'aime grimper au sommet, cela vaut la peine ; on voit l'autre face du Generoso, ses grandes parois rocheuses et devant vous la plaine du Pô à perte de vue... »

On eût dit que la montagne grandissait à chaque tournant. De l'esplanade de la maison Mombello, elle barrait l'horizon.

Le long bâtiment me rappela les domaines ruraux de la Lombardie, en moins discipliné : à l'évidence, on avait effectué de nombreux ajouts au cours des décennies, peut-être depuis un siècle ou deux à en juger par l'évidente vétusté des constructions à partir de la maison mère – celle-ci d'une élégance austère, crépie et badigeonnée d'un ocre pâle, tandis que tout le reste, sept ou huit fois la largeur de la façade principale, était de brique. Le brun-roux qui leur est propre avait viré au gris acier et par endroits elles paraissaient charbonneuses, bien plus anciennes et sombres que celles de la maison d'enfance – celle des frères Chirieleison depuis je n'en sais plus les années : lors de ma visite au lieu natal, un souvenir incertain s'avéra juste : à la tombée du jour, les briques de notre maison absorbaient la lumière horizontale du couchant.

On entrait dans la maison Mombello par la façade latérale ; la porte s'ouvrait sur la cour privée de la famille, et l'on apercevait la perspective de la bâtisse multiple, jadis destinée à diverses et successives exploitations du domaine – ce que j'avais supposé dès l'abord grâce à mon ancienne familiarité avec les hangars et les greniers.

Une odeur de sauce raisonnablement destinée à assaisonner des pâtes se répandait dans la petite cour.

Mme Mombello s'absenta et bientôt réapparut sans chapeau. Eu égard à sa taille, sa tête étonnait par sa petitesse. Ses cheveux courts, du même gris que sa tunique, étaient ramenés derrière l'oreille, d'un côté, et de l'autre ils formaient un cran aplati : une de ces coiffures qui semblent avoir été décidées une fois pour toutes et depuis très longtemps. Elle avait donné des ordres pour que mon chauffeur déjeune avec son factotum, dit-elle en soulignant le mot : « Ils ont l'air de bien s'entendre. J'ai demandé qu'on nous dresse la table dans le salon. Venez. Nous avons le temps de faire un petit tour, je vous montrerai ce qui reste du domaine. Et vous verrez l'un des endroits que Sébastien préférait. »

Curieux : je m'habituais déjà à ce prénom, il me semblait en harmonie avec sa personne : suaves les deux premières syllabes, en espagnol, ouvertes, confiantes. Ce nom lui ressemblait davantage, mais, prononcé à la française, moins.

« Regardez ce couloir, il a cent trente-cinq mètres, il relie toutes les maisons et les ateliers. Venez. »

Au long de la bâtisse, une galerie sans doute construite pour uniformiser l'ensemble, donnait sur une vaste étendue recouverte de la même herbe des champs que celle du cimetière, qui semblait cultivée, soyeuse et presque chatoyante.

Si la botanique considère l'arbrisseau comme un arbre petit dont la tige se ramifie dès la base et donc le camélia comme tel, les camélias du domaine Mombello, avec leur tronc dénudé à mi-hauteur, quatre mètres à vue d'œil du sol au sommet, avaient toute l'apparence d'arbres, et aucune trace d'élagage, pas une seule loupe dans leur tronc.

« Vous vous étonnez... En Orient, ils peuvent atteindre les vingt mètres, et même en France, du côté de Nantes si je ne me trompe, les dix, oui, les dix mètres de hauteur. Je ne les trouve pas beaux, on ne voit plus les fleurs. »

Il y avait des magnolias géants en fleur et des jasmins jaunes. Le tapis d'herbe remontait vers la colline en terrasses à l'abandon, à l'exception de la première, encore destinée au potager.

Un chapeau d'épouvantail, ayant probablement appartenu à Mme Mombello, bougeait entre les rangées de tomates. C'était le jardinier qui se relevait et finit par en sortir, courbé, une petite pelle dans une main, un arrosoir dans l'autre. Nous tournant le dos, il s'éloignait à petits pas, s'arrêta net, et regarda son potager, l'air de se souvenir d'un oubli sans plus en soupçonner l'objet ; puis il leva la tête et suivit pendant un bon moment un nuage solitaire qui croisait dans le ciel, avant de se remettre en marche et disparaître dans un bois épais et uniforme, où éclatait le vert du feuillage.

« Ce sont des mûriers, des mûriers blancs, des mûriers nains, des *pourrettas*, le mot est italien, certes, mais je ne sais pas à quel dialecte il appartient ni s'il désigne autre chose...

— Peut-être veut-il dire, tout simplement, petit ou nain ?

— Peut-être. Et " magnanerie " ?

— Voyons, voyons... La culture du ver à soie ?

— Bravo ! mais aussi le local, très spécial, qu'il lui faut, l'industrie du ver à soie a été la dernière ; tout s'arrêta au début des années trente. Il n'y eut plus aucune activité dans le domaine. Le mûrier est commun dans la région, le ver ne se nourrit que de leurs feuilles. Avant, il y eut la culture du tabac, une véritable manufacture, des plus importantes, le domaine Mombello. L'atelier principal, nous l'avons en face ; ce grand balcon, avec ses frêles colonnes de bois, comme un salon ouvert, c'était l'endroit que Sébastien préférait, l'été. Il soutenait que les poutres et le plancher de l'atelier sentaient encore le tabac. Il en aimait l'arôme, et celui du café, pourtant il ne fumait pas et ne prenait du café qu'avec beaucoup de lait. Il avait eu une enfance très pauvre. »

Mme Mombello regarda sa montre : « C'est l'heure. Venez. Je vois que le carrelage vous intrigue... Sauf dans les ateliers, il est partout le même, à ceci près que ces *piastrelle di cotto*, comment pourrait-on dire en français ? sont désormais fabriquées en série. Quand ma sœur et moi nous avons repris en main la maison, nous avons tout juste pu en retrouver un nombre suffisant pour remplacer celles en mauvais état, elles sont fragiles, dans le salon et dans nos chambres. Nous avons fait le tour des brocanteurs, très rares chez nous. Ensuite on a dû se résigner aux propositions de l'industrie ! »

J'ai eu un sursaut tardif qui interrompit son rire, et je m'empressai de comparer le revêtement du sol du couloir à celui du salon. Les *piastrelle* étaient d'un marron orangé moiré de beige. Les anciennes, très belles, à l'évidence friables, avaient leur bord souvent rongé ; les industrielles, marbrées de manière identique, mais plates, sans vie, relevaient de l'esthétique de bazar.

Ma réaction, lente et refrénée, résultait du mot *pourretta* : je l'avais entendu tout d'un coup du fond du temps, là-bas, aussi bien dans la campagne que dans les villes, ce mot d'argot des immigrés, hors d'usage désormais, qui sur un ton moqueur visait les enfants et, surtout, les vantardises de mâle des adolescents. Mais je n'ai rien dit à Mme Mombello.

Nous entrâmes dans le salon. On distinguait mal les meubles dans la pénombre. D'un geste énergique, Mme Mombello écarta les persiennes de la très haute fenêtre, appuyées pour préserver la fraîcheur de la pièce, et elle se tourna vers moi, puis de nouveau vers le paysage, comme si elle détenait le Generoso et la chaîne de montagnes et collines qui le flanquait – comme si elle me les offrait.

« Et maintenant retournez-vous et regardez, en face, la cheminée : c'était le coin que Sébastien préférait en hiver et c'est là que les domestiques l'ont trouvé mort, le feu éteint, la fenêtre grande ouverte, au lever du soleil. Venez. Asseyez-vous. »

61

Le déjeuner fut exquis. Et j'avais enfin réussi à bien observer la bague de Mme Mombello : la torsade d'or figurait un serpent. Maintenant nous prenions le café. Les servantes, les deux femmes venues au cimetière pour constater ma présence, enlevaient la belle nappe blanche, damassée, avec les gestes liturgiques des paysannes d'autrefois.

Nous nous étions tus. C'était l'intervalle.

Il y a des moments où sans qu'on puisse déceler le motif, on sent l'imminence du bonheur. On dirait que les murs vous protègent, que les meubles, les objets vous attendaient et que le craquement insidieux du plafond s'est produit pour que vous leviez le regard et découvriez son ornementation inusitée.

Mme Mombello m'avait dit que l'on pouvait encore trouver dans les vieilles maisons ce genre de cheminée dont l'âtre est placé au fond d'une maisonnette d'un mètre de profondeur et d'environ deux mètres et demi de largeur, formée de deux panneaux légers de molasse : ils partent du mur et se replient à la manière d'une porte à demi fermée, pour préserver la chaleur, une fois le feu éteint. A l'intérieur, deux petites banquettes scellées aux panneaux, l'une d'elles munie d'un plateau fixé au mur – où traînait à présent, devant mes yeux, un nécessaire de couture ; et l'autre, dotée d'une petite fenêtre découpée dans le pan oblique qui semble fermer la loge, permettant à l'occupant de la banquette de surveiller les allées et venues des gens de la maison.

On avait mis longtemps à installer le chauffage, aussi, lorsque la sœur de Mme Mombello et Sebastián avaient décidé de rester, la cheminée du salon, qu'il appelait « *el ranchito* », leur avait rendu service. Une autre cheminée du même genre, plus vaste encore, trônait dans l'atelier de sa sœur, mais elle n'y admettait personne.

Mme Mombello jeta un coup d'œil à une toile dont, par fortune, j'avais fait l'éloge – bien que, ignorant ses rapports avec sa sœur, l'éloge pût l'avoir contrariée.

Le déjeuner n'avait pas été léger et la maîtresse de maison affectionnait le merlot de sa région : peu à peu elle se laissa aller, son dos glissant sur le dossier du fauteuil, rapetissé, les paupières diaphanes de chouette voilant ses yeux, avec une délectation de paysanne ramenée à ses origines. Mais se reprenant d'un coup au bord du ronflement, elle sourit, se redressa avec lenteur et, les sourcils arqués, les lèvres qui, froncées, rehaussaient la distinction de son long nez, elle rentra dans son moule comme on remet ses gants. Elle eut un petit rire.

« Votre regard fixe un tableau, un autre, le tapis, un objet, mon nez, votre regard virevolte et revient se poser sur l'âtre. Sébastien se trouvait seul dans la maison, avec les domestiques. A sa demande, Don Lorenzo était venu l'après-midi. Je vous raconterai. Sébastien refusa de dîner. Il neigeait depuis une semaine, et il demanda à la cuisinière, qui chaque nuit passait en revue les cheminées, de ne pas ranimer le feu. Étant donné le froid, elle fut déconcertée, mais il demandait si rarement quelque chose, qu'elle y consentit. Sébastien était d'une discrétion farouche et d'une suavité inquiétante... Mais commençons par le commencement : Rome, l'automne de 1954.

— 1954?

— Oui, très exactement à la mi-octobre, pourquoi?

— Rome... J'y arrivai donc cinq mois plus tard.

— Et vous ne vous êtes pas rencontrés. Ma sœur fit la connaissance de Sébastien dans l'atelier d'un ami peintre. Elle en fut séduite. J'ignore les détails, le reste... Elle était d'une quinzaine d'années son aînée. Rome revivait, Rome, selon Giacinta, la vie à Rome, était " flamboyante ". Sébastien mit quelque temps à avouer à Giacinta sa qualité de prêtre. C'est la seule confidence qu'il m'ait jamais faite sur leur relation. Dans son cas, j'aurais fait marche arrière, tout laissé tomber. Rien qu'à l'imaginer, j'éprouve une forte réaction physique, mêlée de Dieu seul sait quels fantasmes, quelles superstitions que l'on croyait extirpées et qui restaient endormies dans un petit coin du cerveau : le corps d'un religieux me semble intouchable, sacré. Il me répugne. »

Il est toujours surprenant d'entendre quelqu'un exprimer ce que l'on pense, ou que l'on ressent, surtout lorsqu'il s'agit de pensées ou de sentiments obscurs, de sensations, de répulsions si bizarres qu'on les croit uniques.

« Ma sœur, en revanche, je crois que c'est cela qui la poussa au mariage : rompre le célibat d'un prêtre, l'amener à défroquer... Ainsi, du couvent passa-t-il à la Via Margutta, la petite rue des artistes, alors, des peintres, près de la Trinitá de' Monti. Pardon, j'oubliais que vous habitiez Rome en ces années-là... »

L'emploi du verbe « habiter », puisque, en effet, j'étais à Rome et me promenais Via Margutta quand je ne disposais plus de domicile, me parut, quoique involontaire, ironique. L'avait-elle perçu, qui me jeta un regard malicieux et un léger sourire ? Que savait-elle de moi ?

« Ils sont venus ici pour Noël. Nous voulions reprendre, Giacinta et moi, nos tantes et oncles de Turin et de Milan, la tradition familiale maintenant que la maison redevenait accueillante. C'est la seule chose en commun que j'aurai faite avec ma sœur. Son euphorie, je ne dirais pas son bonheur, me touchait. Elle se montrait triomphante plutôt qu'amoureuse, elle l'exhibait, lui, avec le même enthousiasme qu'elle manifestait lorsqu'elle réunissait la famille pour que l'on admire son travail, ses toiles. Sébastien n'était pas heureux, mais son affabilité nous captiva tous. Il y avait de l'intensité dans ses silences. Dès le lendemain de son arrivée j'eus l'impression qu'il aimait l'endroit, la maison, les collines tout autour, qui les protégeaient, lui, et les arbres... L'interminable galerie, la suite de maisons n'en faisant qu'une, devaient rassurer quelqu'un comme lui, habitué aux couvents. Ils y sont restés après les fêtes. Moi, j'étais retournée à Genève, et deux mois plus tard j'apprenais par une lettre de Giacinta qu'elle était à Berlin où elle aménageait un atelier, l' " atelier idéal "... Pas un mot sur Sébastien qui était resté chez nous. Je venais assez souvent pour surveiller les travaux de restauration, de sorte que je passais quelques jours en sa compagnie. Tous les mois. Il ne quitterait le domaine pour quelques jours, deux ans plus tard, que pour me faire plaisir : il maigrissait, il dépérissait. Et les analyses, le croiriez-vous ? n'ont rien révélé. Aucun signe, une énigme. Par parenthèse, Giacinta ne l'a jamais revu. Elle demeura longtemps introuvable, impossible de lui annoncer la mort de Sébastien. C'est une petite personne grandement étrange, Giacinta. Mais Sébastien... Je ne lui posais pas de questions sur son passé et nous n'évoquions pas l'absence de Giacinta. Je ne lui demandai jamais s'il manquait d'argent, je savais par les domestiques qu'il n'en était pas démuni ; ma sœur, sans doute, lui en avait laissé assez pour s'en libérer. Au reste, un homme pris en charge depuis son enfance, qui ne s'est jamais posé le problème de la vie quotidienne, de l'argent, pouvait se sentir innocemment à l'aise ici ; l'indispensable, il l'avait et, à vrai dire, aussi le superflu. Il y eut d'emblée entre nous une entente qui, c'est paradoxal, empêchait toute interrogation réciproque. Comme lorsqu'on se connaît depuis des années, de façon très intime, et qu'on ne trouve plus rien à se dire, alors qu'on est heureux de se retrouver, et rassuré.

— Le jugiez-vous innocent, inconscient ?

— Vous voulez dire... irresponsable ? Il " ignorait " – dit-elle en martelant les syllabes, mais sur un ton caressant – : celui qui croit qu'il croit parce que, enfant, on lui a inoculé la foi en Dieu, et qui ensuite a été mis, encore enfant, au séminaire, peu à peu, s'il est doué d'une intelligence imaginative, sera séduit, happé par les joies que procure, je ne dirais pas le savoir, je dirais l'apprentissage, la découverte, la double découverte : des choses, et de sa propre pensée. J'en ai fait l'expérience, on ne finit jamais de ne pas comprendre ce que l'on s'est proposé de déchiffrer... L'intérieur du corps est d'une grande beauté, cela vous choque ? d'une grande beauté, et, à l'exemple des visages, il n'y en a pas deux qui se ressemblent. Excusez-moi, je divague. Adolescente, la découverte de ce qu'on appelle la science de la vie, la science de l'homme, me fascina et cette fascination ne cesse de s'accroître à mon âge. Je crois que la philosophie a dû fasciner Sébastien très tôt. En milieu religieux, la philosophie est le prélude de la théologie. Celle-ci, je l'ignore, mais, jadis, j'en ai eu quelques notions ; quand j'y pense, je me rappelle le Meccano. Peut-être en aviez-vous, enfant ?

— Non. J'en ai une idée très vague. Des pièces de métal ?

— Des pièces de métal, bravo ! On en construisait des ponts, des gratte-ciel, la tour Eiffel... Remarquez, c'était le principe de la tour Eiffel : on boulonnait les pièces, avec patience, avec minutie...

— Un jeu qui devait passionner les parents...

— ... pour aboutir à une construction chaotique ou interminable. J'étais déjà médecin quand on a lancé le jeu. Comme l'enfant qui construit, disons, une échelle avec les pièces du Meccano, le théologien, au moyen de syllogismes, construit son Dieu et lui fournit les preuves de son existence. Ma sœur et moi nous avons eu une éducation religieuse sévère. Giacinta se révolta très tôt, à moins de quinze ans : elle est, en tout, violente et expéditive. Moi... La médecine, si elle vous passionne, se suffit à elle-même. Avez-vous une vraie vocation ? c'est pour toujours. Réussir à lutter contre la douleur, chaque jour un peu plus, y a-t-il un destin plus beau ? La foi en Dieu s'en est allée sans crier gare, à petits pas : on ne perd pas la foi, un jour on s'aperçoit qu'on n'a jamais cru. Dans le cas d'un prêtre, d'une religieuse, ce genre d'éveil ne peut qu'entraîner de sérieuses conséquences. Pour Sébastien, cela a dû être une chute dans la réalité, et la réalité, lui paraître l'irréalité même. Vous savez, il essaya de s'en accommoder, il rêvait, mais au tout début, de devenir instituteur dans notre région ; il apprenait à lire et à écrire aux enfants des maçons qui habitaient le domaine : il y avait, ici, à l'époque, deux familles. Il rêvait d'enseigner dans les campagnes... Tout cela très franciscain, très utopique. Il vécut moins de trois ans après son arrivée avec Giacinta. A ce rêve inspiré mais digne d'un adolescent succéda une période d'angoisse profonde, j'en suis certaine, bien qu'il ne laissât paraître qu'un léger souci... des gestes exécutés avec retard, un verre encore tendu alors que rempli... Que sais-je, de petits signes. Était-il préoccupé, distrait ? Plutôt... abstrait. Mon père disait, quand je cessais d'être attentive à ses récits pédagogiques : “ Et te voilà en allée sur le pont de la lune. ” »

Elle demeura pensive, les lèvres entrouvertes, puis elle releva le buste et tendit la main pour saisir la clochette qui était passée de la table du déjeuner à un guéridon proche de son fauteuil, mais son geste fut d'une si brusque énergie que son bras resta en suspens et qu'elle se mit à remuer la tête avec une lenteur précautionneuse, comme pour bien la rajuster aux cervicales.

« S'il vous plaît, sonnez. »

Elle demanda son chapeau et sa béquille, et se remit debout : « Venez. Nous allons faire une petite promenade. Je dois marcher. Nous avons trois quarts d'heure. Je leur ai donné l'ordre de me priver de thé quand je ne suis pas dans le salon à seize heures trente. Aimez-vous le thé ? »

62

Nous longeâmes jusqu'au bout l'ensemble des constructions incorporées l'une après l'autre à la maison mère, leur détérioration s'accentuant à mesure, épargnant toutefois l'une d'elles pourvue d'un jardinet privé, pour ce que l'on pouvait deviner des clématites et des jasmins qui débordaient d'un mur de clôture. On apercevait au premier étage une ample baie vitrée au cadre d'aluminium, signe d'une remise en état assez récente. Le dernier local dans lequel, me disait Mme Mombello, se trouvait encore le four où jadis on faisait cuire le pain pour la communauté menaçait ruine.

La petite porte qui trouait le mur était fermée au cadenas. La baie vitrée devait correspondre à l'atelier de Giacinta – quel âge pouvait-elle avoir ? –, le cadenas signalait son absence.

« Je dois exercer ma jambe, l'habituer à se passer de béquille. » Et nous nous engageâmes dans un étroit escalier aux marches de brique parfois intermittentes. En guise de rampe, des grenadiers et des touffes de ronces.

Tant bien que mal nous atteignîmes une sorte de clairière. Les châtaigniers mêlaient leurs branches ; l'ombre à peine dentelée donnait une illusion de fraîcheur. Nous hésitâmes à nous asseoir sur le banc, le bois était pourri et parsemé d'échardes, mais nous nous y sommes assis. Nous nous trouvions à la hauteur des toits de la bâtisse et, en fait, tout près de celle-ci.

L'escalier raide, l'effort pugnace de Mme Mombello et l'attention constante que je prêtais à chacun de ses pas, son pied cherchant l'angle le plus propice, avaient conduit l'imagination à multiplier par dix la centaine de mètres parcourus.

Elle tira un mouchoir du poignet de sa chemise, tapota ses tempes, le bout de son nez. Les boutons de manchette un peu plus grands que les boutons de son corsage, de nacre bagués d'un fil d'or entrelacé, juraient avec le serpent enroulé au majeur.

A gauche, on embrassait du regard le jardin potager, les mûriers, et une ébauche de sentier que le jardinier avait pris pour aussitôt disparaître sous les feuillages. Il réapparaissait à l'instant comme s'il entrait en scène, et que Mme Mombello et moi étions des spectateurs. A droite, c'était la vision des toitures et des façades successives. Le soleil baissait. L'ombre des arbres s'allongeait sur l'herbe, l'ombre des montagnes gagnait la vallée et se nichait déjà dans les crevasses des rochers.

Mme Mombello regarda sa montre et, d'une main s'appuyant sur sa béquille, de l'autre prenant garde de ne pas accrocher sa jupe, elle se leva.

« Allons-y. » Je passai devant elle dans l'escalier, me tenant plutôt de biais, prêt à la soutenir. La descente était bien plus malaisée que la montée.

Elle effleura mon épaule, je levai les yeux, par-dessus ma tête Mme Mombello regardait la maison du jardinet : la baie vitrée était ouverte ; à contre-jour, une femme de profil, coiffée d'une casquette dont on n'apercevait que la visière démesurée.

« C'est elle, oui. Elle a fait sa sieste et attend Antonio, le jardinier. Elle ne parle à personne d'autre. La servante m'assure que, de Giacinta, elle ne connaît pas la voix. Elle lui fait la cuisine depuis des années. Oui, c'est elle. Mutique. Endurcie. A part cela... normale. » Et Mme Mombello inspecta mon visage. « Elle » était là, et derrière le mur était bel et bien un jardin où prédominaient les fleurs jaunes et orangées.

Je renonçais déjà à poser la question que je brûlais de poser, mais les mots m'ont précédé : « Pourquoi, alors, le cadenas ?

— Antonio soutient qu'elle s'égare, qu'elle se fourvoie s'il la laisse un moment, quelques secondes, seule au cours de leurs promenades ; il craint qu'elle ne s'enfuie. Il dit qu'elle perd le sens de l'orientation. C'est lui qui a mis le cadenas. Elle est mon aînée. »

Dans son visage, des sentiments contraires et le passage d'un sourire désolé au ricanement. Un rire entre les dents, derrière les dents, un rire enfermé.

Elle prit mon bras, « Allons-y », et nous descendîmes les dernières marches.

63

« Du lait ou du citron ? Nature ? Vous avez mis longtemps à vous intéresser au destin de Sébastien et pour un peu... vous avez de la chance... vous semblez perplexe... vous avez la chance de me trouver encore en vie. Je ne crois pas avoir compris Sébastien, mais l'image de lui qui s'est faite en moi me paraît assez cohérente dans son étrangeté. En fait, il avait perdu son petit coin d'au-delà et il était resté seul, seul, comment dire ? dans l'absolu de son destin. Vous souriez... J'ai un penchant à l'emphase, excusez-moi. Devant lui, un mirage s'effaçait : Giacinta ou plutôt la vie que Giacinta lui avait promise, laissé entrevoir. Pensez-y, être seul, aux confins du destin comme sur une planète dépeuplée. Don Lorenzo... c'est bien dommage que vous ne l'ayez pas connu. Remarquez, moi, ce ne fut que peu de temps avant sa mort, et parce qu'il voulait me voir. J'ignorais que Don Lorenzo et Sébastien se rencontraient au moins une fois par semaine dans le village ; et le croirez-vous, Don Lorenzo ne sut que Sébastien avait été prêtre que le jour où, trop faible pour se rendre à son presbytère, il lui fit savoir qu'il souhaitait se confesser. A Don Lorenzo, Sébastien avait paru plutôt ingambe. Et savez-vous... Sébastien lui demanda de prendre place sur la banquette de la cheminée, derrière la petite fenêtre ; lui, il s'agenouilla sur le marchepied que vous avez devant vous, toujours au même endroit. Cette mise en scène émut Don Lorenzo... les curés de campagne sont naïfs. En revanche, moi j'en ai déduit que le repentir ni l'espoir ou la peur de l'au-delà ne l'avaient conduit à se confesser ; qu'il l'avait fait par délicatesse envers sa sœur. Don Lorenzo, qui voyait Sébastien bien plus souvent que moi, s'était habitué à son amaigrissement. Parfois, les gens dont on partage l'intimité se réduisent dans notre esprit à une figure composée de détails qui dissimulent l'essentiel, ne croyez-vous pas ? Mais une chose frappa notre curé le jour de la confession, dont je me suis aperçue plus tard, une semaine plus tard : sa voix, sa voix s'en allait ; de si douce, de si veloutée qu'elle nous paraissait, en demi-teinte mais bien timbrée, elle était devenue frêle et, comme on dit des chanteurs qui perdent leur souffle, il ne la soutenait plus, il la laissait tomber. En revanche, son regard rappelait celui de l'enfant au moment où on ouvre le cadeau. Je dus rentrer à Genève trois jours avant sa mort ; il en portait déjà la pâleur sur son visage, et la pâleur de ces peaux-là, d'un teint olivâtre, m'impressionne plus que toute autre. Lors de sa visite, vingt ans après, Don Lorenzo m'avoua qu'il avait enfin compris une bouleversante réaction de Sébastien au début de leur relation : lui, il avait voulu lui montrer son église. Ils avaient quitté le village et avant même d'atteindre le portique, attiré par la jolie petite fenêtre de l'ossuaire, Sébastien avait amené Don Lorenzo à lui raconter l'histoire du cimetière. Il semblait concentré, tourné vers l'intérieur, en paix... pas du tout l'expression des illuminés, l'écoute de l'au-delà, mais comme on écoute, un doigt sur les veines, la circulation du sang. Or, une fois dans l'église où Don Lorenzo le précéda de quelques pas pour lui signaler, au centre de la voûte, le trésor du lieu, la fresque des anges " *osananti e musici* ", alors qu'il pointait de l'index la fresque, Sébastien, la main sur la bouche, le dos courbé, tout recroquevillé, reculait... Don Lorenzo l'avait entendu vomir. Il s'était abstenu de le suivre par respect pour sa pudeur, puis il l'avait rejoint. Don Lorenzo s'étonnait encore que Sébastien n'eût pas inventé un prétexte, une excuse quelconque, un mauvais repas... Don Lorenzo avait compris, le jour de la confession, que, pour Sébastien, entrer dans une église était devenu physiquement intolérable. Ah ! je vois que Giacinta et Antonio partent en promenade. Voulez-vous la voir ? »

J'étais déjà debout.

« Venez. »

La visière pointue de sa casquette était de plastique bleu foncé. Arrivée au carré de pierre, au milieu de l'herbe, où on prenait l'eau pour les plantes, elle trébucha sur le tuyau d'arrosage et faillit tomber sur le côté, mais réussit à rétablir l'équilibre et se redressa en tournant sur un pied, l'air de se relancer elle-même. Le jardinier avait gardé ses mains promptes à la recevoir, et maintenant souriait.

« Elle est inventive, elle l'a toujours été, dans sa peinture, dans ses manières, dans sa perfidie.

— Vous m'aviez dit du bien de ses toiles... »

Elle approuva du chef, à contrecœur.

64

A deux reprises j'esquissai un geste pour exprimer à Mme Mombello mon intention de partir.

« Je ne vous ai pas dit l'essentiel, je dois vous parler de Don Lorenzo. »

Je me suis appuyé de nouveau au dossier, très haut, du fauteuil. A l'entendre, une respectabilité infinie se dégageait de lui. Il était grand et majestueux, mais à la fois plein d'élan, débordant de vitalité et amateur de drôleries. Sa voix de basse taille prenait son envol dès le premier mot et ne quittait le niveau sonore que la phrase ne retrouvât le sol : une voix et une élocution de chaire de cathédrale.

« Je vous l'ai déjà dit, je ne l'ai pas fréquenté. Les domestiques le connaissaient bien et ils me disaient qu'il aimait le contact avec les gens rencontrés au marché ou dans le café des billards, où il avait sa table. Selon eux, sa conversation était moins d'un prêtre catéchiste que d'un homme de cœur. »

Elle se souvenait surtout de son allure, plus encore que de ses traits. Et si elle l'avait croisé de loin en loin, vingt ans après la mort de Sebastián elle avait reçu chez elle un très vieil homme, à l'évidence malade, voûté, affaissé. Mais sur-le-champ elle avait reconnu sa voix, qui, elle, restait puissante.

« Certaines observations de Don Lorenzo m'ont laissée perplexe. Pour lui, seule l'habitude de la prière depuis l'enfance avait rendu possible l'évolution de Sébastien, le détachement de tout ce qu'il avait appris, cru, fait, cette indifférence absolue qui aboutissait à l'étrange bonheur d'échapper à soi, à soi-même dépouillé de tout désir sauf du désir de n'en plus éprouver. Don Lorenzo soutenait, et sur ce point nous étions entièrement d'accord, que Sébastien s'épanouissait à mesure qu'il ressentait son intime effacement : plus de religion, mais une dévotion fidèle à l'idée du néant, comme si tout ce que peu à peu il supprimait de lui en lui-même dût tenir plus de place qu'il n'en occupait encore – car il était soumis à la pression d'un défi esquissé par l'esprit, que, très lentement, le corps accomplissait. Quel paradoxe, si vous voyez ce que je veux dire, quel paradoxe, la mort, l'espoir de la mort devenu une nécessité vitale ! Il y a des mots, des phrases entières de Don Lorenzo que l'oreille et la mémoire ont enregistrés pour toujours. Enfin, dire “ toujours ” n'a pas grand sens à mon âge. Je ne crois rien inventer, certains parmi ses mots reviennent, l'un après l'autre, chacun reprend sa place, Don Lorenzo n'avait pu retenir une larme et je tâchais de détourner le regard, l'air de chercher une idée, une expression, mais lui : “ Madame, cette larme que vous essayez de ne pas voir par politesse, n'a pas coulé au souvenir de cette nuit où, tel un profanateur, je déterrai le cercueil, j'enlevai le couvercle, je pris le corps de Sébastien dans son linceul et regardai son visage qui ne lui ressemblait plus, avant de le faire glisser dans la fosse... ” Il le lui avait fait promettre, Sébastien, et il avait tenu sa promesse, il en était fier. Non : cette larme que, en effet, je ne voulais pas voir, était due à la tristesse qui l'avait envahi dans le confessionnal, dans cette cheminée-là changée en confessionnal. Il avait tout appris d'un coup. Ne croyez pas que Don Lorenzo a violé le secret de la confession : aucun fait, mais des généralités abstraites... Il avait appris qu'il était un franciscain défroqué, et se trouva désarmé face à ce jeune homme qu'il croyait connaître, ce tout jeune homme impuissant à guérir et à se sauver. Mais savez-vous ? à la tristesse stupéfaite de Don Lorenzo se mêlait une interrogation émerveillée : comment Sébastien avait-il pu marcher si longtemps vers la mort sans fléchir ni craindre, jusqu'à atteindre l'autre versant du désespoir, la pente qui descend et ne s'arrête que là où l'on ne regrette pas de ne plus rien espérer. »

Ainsi, Don Lorenzo avait-il confié à Mme Mombello le secret des dernières volontés de Sebastián. Ce secret, Mme Mombello me l'avait d'emblée dévoilé, le matin même, au cimetière, de façon laconique. Donc, le récit de la visite de Don Lorenzo avait pour but de confirmer sa confidence hâtive. Et elle me l'avait transmis dans les règles, puisque Don Lorenzo souhaitait que quelqu'un puisse expliquer les faits à la famille de Sebastián, au cas où elle viendrait à s'inquiéter de sa sépulture. Soulagée de son fardeau, Mme Mombello me regardait presque souriante.

Un instant je fus tenté de lui faire un aveu : la volonté de Sebastián de disparaître dans une fosse commune entachait à mon avis d'orgueil la pureté de son renoncement à l'existence. Mais à je ne sais quel changement dans son maintien, je compris que je devais prendre congé sans plus tarder.

Au milieu de la grande cour, Giacinta, avec sa visière en bec de pélican, peignait, le chevalet planté dans l'herbe, et à sa droite, le jardinier tenait la palette à deux mains, tel un plateau, avec onction.

« C'est l'heure où elle peint les nuages », dit Mme Mombello d'une voix qui se voulait ironique et ne manquait pas de tendresse.

C'était l'heure où le jour cède le ciel à la nuit. On aurait dit que la masse boisée du mont Generoso répandait l'obscurité sur la vallée.

Maintenant Mme Mombello affichait une expression comblée et péremptoire. Notre au revoir fleurait l'hypocrisie. Et au claquement de la portière elle brandit sa béquille comme une lance.

Pourquoi ? Pourquoi cette quête ?

On ne sait jamais ce que le cœur nous force à entreprendre, ni où on est mené au risque de se contraindre à différer de soi.

Nous traversâmes le village. Les terrasses des cafés bordées de grands arbres étaient vides. En haut de la rampe que nous longions, les dernières lueurs du jour ravivaient la façade de l'église et le délicat contour de la petite chapelle de l'ossuaire.

Le mot « adieu » ne convenait pas dans le cas présent. Le néant n'a pas suscité de mots de circonstance, rien qu'une pensée aveugle impossible à formuler.

« Adieu ! Quand même ! »

Et nous nous engageâmes sur la route de Lugano.

65

Ce fut la nuit de Lugano, la deuxième nuit du très bref séjour à Lugano, qui accorda un sens à mon équipée. L'histoire de mon cher homonyme était close, et apaisé pour toujours le scrupule d'avoir à accomplir quelque chose qui eût manqué à sa mort. Nous sommes tous des messagers qui ignorons le message, nous transmettons des secrets à notre insu ; chaque geste que nous croyons faire pour une raison précise, une autre qui nous échappe l'a provoqué et nous mène ailleurs – ainsi la poésie porte les mots où ils n'ont jamais été.

La nuit, cette nuit qui m'attendait dans une ville silencieuse et vide, tel un décor après le spectacle, m'offrit au moyen d'un rêve un merveilleux morceau d'éternité. Je n'écoute pas les fables de la nuit, je n'attends pas d'elles ni éclaircissements ni divinations ; je n'en garde pas le souvenir et, arrive-t-il que les images s'attardent, je me dis que je suis en train de les inventer et n'essaie pas d'interpréter leur réalité qui me nargue, car je ne dispose que des lois de la veille.

Parfois, avant que le rêve s'efface, une pensée me devance qui croit l'avoir capturé, pouvoir le réduire à une histoire et le soustraire à l'incohérence – mais je m'en suis déjà détourné ; il n'y a plus de traces. Pourtant, telles les photographies commémoratives suspendues dans le salon, deux rêves instantanés persistent et reviennent, telles des allégories qu'il me faudrait dévoiler.

Le premier doit remonter à une vingtaine d'années : à trois ou quatre mètres au-dessus d'un paysage de collines arrondies, d'un vert uniforme et mat pareil à celui de la luzerne ou du trèfle des prés, j'avançais en nageant lentement dans l'air, et j'éprouvais une volupté légère dont le corps se souvient. J'ignore ce que je pus me dire dans le secret du rêve.

Le deuxième est en blanc et noir et je me tiens en marge d'un patio de béton, gris, fermé par un grand rocher troué d'une cavité à l'aspect indécis d'une caverne qui serait un tunnel. Ma mère en sort, fait quelques pas, s'arrête devant moi. Le père ne franchit pas le seuil. Ils ont l'âge de leurs noces d'or. Rien ne bouge dans le visage de la mère, qui me regarde. Au réveil, une pensée file à tire-d'aile dans mon esprit : ma mère ne m'a pas parlé parce que j'ai changé de langue : elle croit que je ne saurai plus la comprendre.

Destiné comme les précédents à devenir ineffable, le rêve, donc, de Lugano, sans rapport aucun avec mon voyage. A moins que, en conformité avec les mystérieux caprices du sort, je n'aie entrepris la quête de l'ami disparu pour aboutir au rêve, ce qui fut un rappel à l'ordre, un enseignement : l'être auquel ma vie entière s'appuie depuis si longtemps était devenu une habitude, infiniment chère, mais distraite.

La scène ? Une autoroute. Sur le bord, un poteau ; accroché au poteau, un téléphone. Et l'ami que je néglige est là : il prend l'appareil et lui, que je n'entendis jamais se plaindre, jamais pleurer, est en train de m'appeler en pleurs. Je me trouve à des centaines de kilomètres, je l'écoute et le vois dans ce paysage rayé et tremblé comme une vieille pellicule. Il parle d'un accident de voiture, il dit qu'il a les pieds écrasés, broyés, écrabouillés. Il pleure et j'éclate en sanglots ; tout d'un coup il est pour moi, en moi, une étrange douleur, et me voilà de ce côté-ci du rêve. Assis dans mon lit, le visage baigné de larmes. L'amour mort renaît, se répand, plus fort que le vouloir vivre ; c'est la pluie après la sécheresse. Mais je sais que je ne pourrais pas lui raconter cette douceur d'une puissance joyeuse et terrible, cette flambée au cœur du sommeil.

Un jour on ne dit plus « je t'aime ». L'un ou l'autre part en voyage, ou en revient, et il s'interdit l'intimité dans l'expression, les gestes. Ni regard noyé ni voix adoucie, le toucher que l'on prodigue à tant d'amis n'est pas innocent dès que l'amour s'en est mêlé. Une distance s'établit, on s'éloigne l'un de l'autre : chacun désapprend ce qu'il avait appris. Une progressive méconnaissance réciproque se substitue à la confidence, ensuite à la tendresse. On rentre en soi, on se cantonne dans soi alors que l'on était comme avec soi-même avec l'autre, et ensemble contre le reste du monde. Un jour on se regarde depuis la rive opposée du fleuve. On marche du même pas, on échange des propos... Mais un rien de vent suffit à emporter loin les voix. Entre-temps, l'ombre portée des arbres s'est effilée et déjà s'estompe. Et la lune est un soleil mort.

66

Le monde est-il toujours impensable dans le présent ? Depuis mon retour en Argentine et les retrouvailles avec mes frères et sœurs, l'âge a cessé d'être un chiffre inquiétant ; après un long voyage plein de découvertes, de merveilles, de misères, de visions et d'obstacles tant bien que mal surmontés, le nombre des années ni les fatigues du temps n'ont d'importance.

Sans que je m'en aperçoive, la vie m'a accompagné jusqu'à ce point du monde où il n'y a plus de carrefour, rien d'autre que le chemin sans détours devant nos pas, et là-bas, peut-être, un grelottement de soleil sur la mer qui attend. Il y a des adieux dans l'air. Pourtant, à l'approche de la nuit, l'espoir demeure d'avoir à accomplir le geste secret qui, seul, compte – ce pour quoi nous fûmes là.

Plus les jours glissent, plus on découvre, si l'on regarde en arrière, les envoyés de la providence qui tour à tour nous ont montré la route à suivre, et cela en ignorant qu'ils étaient les guides appelés à pointer l'index en guise de signal. Parfois, ils étaient nos ennemis, ou nous les leurs.

A peine sorti du rêve, ou pour en sortir, j'avais ouvert la fenêtre et vu monter la lumière, se raviver le mur d'en face, d'un ocre tendre qui cachait du rose. Au loin, au-delà des derniers bâtiments, au fond de la rue qui mène à la grande place, la brume de chaleur de la veille ; pas un souffle d'air, le jour était en apnée ; le ciel, indécis.

Ayant réussi à entasser les affaires dans le sac de voyage, j'allais refermer la fenêtre lorsque j'aperçus sur le toit de tuiles tout proche, au bord de la gouttière, un vieux petit oiseau au plumage ébouriffé, immobile. J'écartai de nouveau les volets et éparpillai sur l'appui les miettes du petit déjeuner.

D'où surgit-elle alors cette phrase que j'avais lue ou entendue autrefois, et oubliée : « J'ai eu dans ma maison un chien qui, du haut d'un balcon, jetait du pain à un autre chien » ? Il se pouvait que ces mots fussent la cause lointaine de mon aumône à l'oiseau.

Je quittai l'hôtel et traversai la place. La chaleur était dense et, là-bas, le lac au repos, semblable à une vallée sombre. Je ne prendrais pas l'avion pour Paris. Il me fallait sortir peu à peu du Tessin, afin que le paysage et l'énormité macabre des informations reçues en moins de quarante-huit heures ne me paraissent, le lendemain, une illusion.

Je pris un train, puis un autre et, pour finir, un troisième. Tard dans l'après-midi, mais encore en plein jour, j'arrivai à Genève, où j'ai des amis. Le lac étincelait. J'éprouvai ce sentiment de bien-être, ce frémissement de liberté qui succède à l'aventure quand on se retrouve, sinon chez soi, en lieu sûr. Dans sa ville bien-aimée, Borges était sous terre, mais pour moi dans l'air et partout.

67

J'avais largement dépassé la cinquantaine quand, pour la première fois, je vis mourir un homme, et cet homme était Borges.

María Kodama, qu'il avait épousée quelques semaines auparavant – comme on clôt d'un dernier vers le poème qui atteint ainsi sa plénitude –, m'annonça au téléphone que la fin s'avérait inéluctable. Au vrai, je ne sais pas quel mot elle employa, María, et non plus si elle me demanda de les rejoindre ou si ce fut moi qui le lui proposai. Leur intimité m'inspirait un respect sacré. J'étais gêné de les croiser dans la rue, de les rencontrer dans un café. Je m'en voulais de les interrompre. Et restaient-ils en silence, la tête un peu relevée ? on eût dit qu'ils écoutaient quelque chose de lointain, à déchiffrer.

Seule l'imminence du dénouement, pourtant prévisible, perdure ; il n'y eut, dans le silence creux du téléphone, que l'encre épaisse de la mort, rien que la mort, un désert noir, des rafales noires, aveugles.

Six mois s'étaient écoulés depuis qu'ils étaient arrivés à Genève, en décembre 1985. Nous étions au mois de juin.

J'avais donc entendu « la voix connue et chère » que je n'entendrais plus, tout juste un mois plus tôt, lorsqu'ils m'appelèrent pour me faire part de leur mariage. En réalité, « la voix que je n'entendrais plus », n'est qu'une manière d'emphase rhétorique : tapie dans le labyrinthe de l'oreille, il suffit que je pense à lui pour qu'elle résonne, et davantage quand j'ouvre ses livres, ou qu'une de ses phrases vient me dire l'émotion que je ressens.

Le jour de cette annonce que je me rappelle très joyeuse, il m'avait demandé de lui faire parvenir, à mon grand étonnement, toutes les comédies de Molière, les *Poèmes barbares*, de Leconte de Lisle, et l'œuvre complète de Remy de Gourmont, surtout, avait-il insisté d'une voix timide et déjà très faible, surtout l'*Esthétique de la langue française*. Je ne mettrais pas longtemps à déduire de ce curieux assortiment qu'il souhaitait relire et considérer des ouvrages qu'il avait fréquentés dans son adolescence, lorsqu'il était étudiant dans la ville où il avait choisi de mourir – la seule, au reste, où, à l'entendre, il réussissait à se promener sans être abordé par les passants.

Le nombre de ses années était grand, mais il nous aurait donné encore un conte ou un poème où reviendraient la lune et les épées du Saxon, Héraclite et le fleuve, l'odeur des eucalyptus et la bataille de Junin, les roses de Milton, de Paracelse et de Marino, la tortue de Zénon et celle de la citerne des patios d'autrefois à Buenos Aires, une étymologie inconcevable, ou un adieu aux choses qui seront toujours là quand nous serons depuis longtemps partis.

Je me souviens de ce matin ensoleillé où, à la terrasse des Deux-Magots, de retour d'Égypte, il décrivait Le Caire, la puissance colossale de la rue, le roulement sans trêve de la circulation, l'énergie manifeste en toute chose, les grincements d'acier, les criailleries épiques, la violence mécanique et tumultueuse. Alors que d'habitude je limitais mes interventions à quelque question qui se voulait distraite, à une allure susceptible de relancer la causerie, je me suis permis d'observer que, désormais, la circulation rendait semblables à l'oreille toutes les grandes villes, pour preuve, ce lieu où nous nous trouvions. Et lui de me dire : « Non, Paris est toujours une ville nuancée. »

On eût dit que la finesse de l'épithète, laquelle semblait accorder à Paris le pouvoir d'imposer au fracas son souci légendaire des manières, évoquait à la fois la lumière du ciel de l'Ile-de-France, l'insouciance des nuages qui l'atténuent, l'architecture, remarquable par la netteté de ses calculs, la modération de la fantaisie dans la beauté, la tonalité tempérée du parler, la majesté intime de la Seine. Alors que j'en célébrais l'emploi, il répondit par des vers de Verlaine : « Pas la couleur, rien que la nuance,/oh la nuance seule fiance/le rêve au rêve... »

Était-ce lors de son tout dernier séjour parisien ? Il remémorait les grands maîtres de l'humanité qui avaient donné un enseignement oral. Sans qu'il y songe, et moins encore, se le propose, sa conversation se déposait en vous, et vous vous éprouviez moins seul.

Pythagore n'avait-il pas choisi de ne point écrire ? Il avait dû sentir, ainsi que dirait ensuite la Bible, que la lettre tue et l'esprit vivifie ; il souhaitait que sa pensée subsiste dans l'esprit de ses disciples. Le Bouddha, lui aussi maître oral, n'avait laissé que des prédications. Et Socrate, qui ne parlait pas pour les autres, mais avec les autres, adoptait une attitude de non-savoir, sinon d'ignorance : il posait a priori que son interlocuteur savait, et il cherchait à l'aider à accoucher de sa vérité, sans essayer de persuader ou d'être persuadé, dans l'oubli des dieux et de la magie. Quant au Christ, nous savions qu'il avait écrit une seule fois quelques mots que le sable se chargea d'effacer.

Il y avait eu une pause, puis il dit ces mots que je crois avoir gardés intacts : « Je suis certain que Jésus n'a jamais songé à fonder une religion, il était juif et se sentait comme les autres. »

Depuis quelques années, depuis que le modeste hôtel d'Alsace, où Oscar Wilde est mort, avait rouvert ses portes, Borges y descendait, en mémoire du poète qui avait connu l'infamie et la prison, cet ami intime qu'il n'avait jamais vu, mais qu'il regrettait tous les jours. L'hôtel lui paraissait sculpté par un ébéniste plutôt que dessiné par un architecte et bâti par des maçons, conforme en cela à l'esprit de l'écrivain, qui détestait le réalisme. Désormais, à la plaque commémorative de l'Irlandais, une autre, du côté opposé du portail, fait symétrie et attire le pèlerin : celle de l'aveugle de Buenos Aires.

C'est dans cet hôtel, qui s'appelle « L'Hôtel », que le hasard me fit la grâce d'une métaphore d'un seul mot, prononcé, dans un souffle, par un jeune homme apercevant Borges.

Comme à l'ordinaire, des journalistes mais surtout des étudiants, l'attendaient dans le restaurant où il prenait le petit déjeuner, à dix heures, après avoir échangé quelques onomatopées, parfois tout un récitatif, avec le perroquet, fétiche de l'établissement, lequel devait rappeler à Borges les patios argentins de son enfance. Ensuite, une gerbe épineuse de microphones se disputait sa voix voilée qui avait des réserves de vigueur pour les vers, et de sons concaves pour la poésie épique.

Ce matin-là, je l'attendais devant l'ascenseur. J'avais senti une présence derrière moi, à ma droite. Du coin de l'œil je saisis la longue silhouette d'un homme, un appareil photographique de petit format dans les mains, qu'il approchait des yeux avec des grimaces qui lui traversaient la joue jusqu'à l'oreille. Je le regardai ; décoiffé, il avait l'air d'avoir grandi pendant la nuit ; élégant, d'une élégance contrastée : complet, à vue d'œil sur mesure, veste croisée, chemise à poignets mousquetaire, mais le col qui appelait une cravate, déboutonné. Alors que je glanais des détails futiles, je vis le jeune photographe prêt à appuyer sur le déclencheur : dans une brève secousse, l'ascenseur s'arrêtait. La porte s'ouvrit très lentement et le poète parut dans l'étroite cabine étincelante de dorures sur miroir, comme dans un retable.

« C'est une hostie », murmura pour lui-même le photographe, et il baissa les bras. L'hostie, à peine matérielle, qui héberge un dieu.

68

Entre le bleu du ciel et le matelas de nuages, au-dessus d'invisibles montagnes, lacs, villes, des phrases, des images, des figures de kaléidoscope se chassaient l'une l'autre. Encore une fois je me disais que c'est trop peu ce que l'on ressent devant la mort des êtres aimés. On reste de ce côté-ci de la vie, incapable de concevoir le sentiment qu'éprouve celui qui va passer le dernier seuil. Impossible d'assimiler sa mort, de la partager par la pensée. Une fois accomplie, la mort n'est que l'impression qu'elle produit sur le témoin : on ne réussit pas à retenir l'idée que la peur de mourir, c'est d'être jeté dans un état où il ne nous faudra que subir, que tolérer. Au fond, tout au fond de nous, derrière les pans de ténèbres où loge à notre insu par moments la conscience – quand, absent à nous-même, la pensée s'en va par des chemins de traverse –, peut-être la conscience dialogue-t-elle avec le dieu et cueille-t-elle des certitudes, la date de notre mort et que l'âme survit – mais la surprend-on, notre conscience ? L'écran de sa vision est vide, et elle éclate de rire.

69

Tout d'un coup, alors que l'avion amorçait sa descente, il me revint que, depuis longtemps, Borges ne reprenait plus ni dans la conversation ni dans ses écrits de ces phrases qu'il avait tant de fois modulées, qui étaient d'un homme sans illusions. Jadis, il disait et répétait que la mort l'inquiétait peu ; que ce dont il avait peur, c'était l'éventualité de ne pas mourir ; qu'il ne voyait pas dans la mort un événement dramatique, mais une espérance : il souhaitait que sa mort fût totale, mourir de corps et d'âme, cesser d'être Borges.

Que quelqu'un veuille, comme l'ami franciscain, cesser d'être, me semblait ô combien concevable, mais non de cesser d'être Borges. Pourtant, aurais-je vraiment voulu vivre la vie de Borges ? Lorsque le désir instantané, et partant impossible, d'avoir été Montaigne, Augustin ou Shakespeare nous traverse, c'est que l'on pense à l'œuvre qu'ils nous ont laissée, pas à leur existence jour après jour, pleine, peut-être, d'insatisfaction, de douleur, d'horreur de soi, du désir d'être un autre, Platon, un ange, un arbre ou Alexandre. La nature dilapide ses créatures autant qu'elle les prodigue, et si le cœur de l'homme n'aspire pas à l'éternité, il porte en lui un désir de résurrection inextinguible, fût-elle de la durée de l'éclair, juste pour se savoir mort.

Mais on est tenu par l'impossibilité d'être au-delà de ce qu'on est, et l'âme montre en vain ses dents.

70

A ce sentiment mélancolique de Borges, à ce désespoir calme, absolu qui, face à la mort, se transmettait à son œuvre, correspond sans doute la période de son labeur où il jouait avec la tentation de l'essentiel pour se délivrer de la littérature, et qui aboutit à son poème sur la lune dans lequel, après avoir recensé les plus mémorables artifices qui la célèbrent au fil des siècles, il conclut, comme on achève la confession de ses péchés, que le seul mot qui puisse offrir à l'esprit la présence de notre satellite rêveur est le mot « lune ».

Certes, il savait mieux que quiconque que l'imagination peut remplir une fonction prophétique et que la littérature est faite de déformations et de mutilations de la pensée ; que seule la forme permet l'avènement de la poésie – mais il lui arrivait d'avouer que la réalité l'avait moins ému qu'elle n'aurait dû l'émouvoir. Il finit par s'insurger contre lui-même, contre les passages de son œuvre, un vers, une phrase mélodieusement née des malheurs que l'amour procure, et il se mit à considérer l'amour et la mystérieuse saveur du bonheur avec la candeur de qui les rencontre pour la première fois et, plus qu'assidus, permanents : « Pas un jour ne s'écoule sans que nous vivions un instant au paradis. » Y a-t-il pour le poète un plus grand défi que de renoncer à l'infélicité ?

Un jour qu'on lui lisait la version française de ses poèmes et que l'on parvint à l'un d'eux, ancien, où le poète – un *desdichado* – dit son affliction en invoquant la mort « qui nous libère du soleil, de la lune et de l'amour », il arrêta le lecteur en le priant de le supprimer. Mais on lui vanta la beauté du sonnet, on le lui relut, il garda le silence, puis, à mi-voix, avec une pointe d'ironie et une sorte d'emphase désabusée : « Bon, puisque ce qui est sentimental fait aussi partie des choses qui forment l'univers, je dois me résigner, non ? »

Quand il connut María, elle avait quinze ans. Peu à peu, ils s'étaient aventurés, ensemble, dans la forêt enchevêtrée des sagas du Nord, y pénétrant au fil de bien des années jusque dans le mystère des écritures runiques.

Plus tard, viendraient le Japon et le sanctuaire shinto de Kyoto, les pyramides d'Égypte et du Mexique, et le désert – le désert où il se baissa, prit une poignée de sable, qu'il laissa couler silencieusement un peu plus loin en disant à voix basse : « Je suis en train de modifier le Sahara » –, la tour Ronde, en Irlande, où des moines ont sauvé les livres, le grec et le latin, c'est-à-dire la culture, en des temps difficiles ; et l'Islande au mois de juin, quand le prêtre d'Odin, dieu complexe de la guerre, de la sagesse et de la poésie, premier dieu de la Scandinavie, célèbre encore les baptêmes et les mariages de quelques centaines de fidèles.

Dès lors, Borges devint un homme heureux ; il avait accepté d'être heureux. Mais le fil d'or qui relie les heures minutieuses de sa vie et ses écrits, demeurait l'instinct et le goût de changer toute solution en problème : c'était dans son caractère de soupçonner d'erreur toute pensée donnant l'illusion de l'exactitude. Le temps, l'espace, l'univers, l'éternité, étaient pour lui des sujets moins ardus que le fonctionnement du téléphone ou du baromètre. Personne ne l'ignore, les désirs qui entre-tissent le caractère d'un homme sont la matière de son destin.

María m'attendait à l'hôtel où ils avaient longtemps séjourné, et que je connaissais bien. Il me déplaisait à cause de l'odeur de désinfectant et de fleurs fanées des chambres, par surcroît sombres.

Pourquoi m'y avait-elle donné rendez-vous alors qu'ils venaient de s'installer dans cette vieille ville où Borges voulait mourir ? Il eût préféré qu'on lui trouvât un appartement dans l'immeuble qu'il habitait dans son adolescence, avec les siens ; celui-ci était démoli : une tour s'élevait sur la Grand'rue. Celui qu'il avait fini par trouver, donnait aussi sur la Grand'rue, mais on n'accédait à leur logement qu'en empruntant une ruelle latérale qui ne portait pas de nom, ni la porte de numéro, qui ouvrait sur un étroit couloir.

71

Lorsque, au mois d'avril, j'étais venu le voir, Borges se trouvait à l'Hôpital cantonal, gardant le lit, et pourtant on l'aurait dit, à l'entendre, dans un des cafés de Saint-

Germain-des-Prés qu'il aimait fréquenter. Si sa sagesse m'impressionnait depuis toujours, l'après-midi du Cantonal reste exemplaire dans ma mémoire, par sa simplicité, par cette leçon qui semblait venir des Anciens, du fond des siècles. Je me sentais en accord avec lui, j'acceptais que personne n'échappe aux lois et aux manières de ce monde, que notre destin soit de lutter comme si le monde était un projet, et nous ses ouvriers.

Si je devais résumer le sentiment de sagesse qui émanait de lui pendant ces quelques heures passées en sa compagnie, je dirais qu'elle consistait, ce jour-là, dans son pouvoir d'ignorer la maladie, de ne pas y faire allusion, de vivre avec douceur, remplissant son temps, devenu si lent, avec ce qu'il devait encore commencer, ou finir : l'avenir ne le concernait plus, n'envahissait pas le présent où hier est encore et le lendemain déjà.

En cela pareil à ce que j'avais, à retardement, pu constater chez ma mère : ni le regret du passé ni l'espoir ou la crainte de l'avenir, mais une humble attention à l'instant. Et l'habitude de s'imposer un comportement suffisant à empêcher la gêne chez le témoin, ou à susciter sa compassion : chaque engagement, comme s'il était le premier et le seul.

Il avait en cours un scénario sur Venise qu'on lui avait commandé, et la préface à l'édition de son œuvre dans la Pléiade, qu'il finirait un mois plus tard, trois semaines avant sa mort. Il récitait des poèmes, parmi lesquels une pièce de Cocteau, pour me faire remarquer que le poète avait réussi à trouver un mot rimant avec « syphilis », rendant ainsi acceptable ce mot que la poésie n'a pas prévu. Il nous fit rire lorsqu'on lui apporta son dîner, trois purées dont nous lui avons décrit les différentes couleurs, et lui l'insipidité commune aux trois. Et d'imaginer un pâté de lapin dans sa propre fourrure, ou un phénix cuit dans sa propre cendre.

J'ignore si ces bribes de souvenirs, ces miettes peuvent suggérer ce que fut le moment. Borges aimait rire, même s'il ne riait pas souvent de façon évidente, même si son rire, toujours prêt, était déjà éteint quand il tenait un propos qui le provoquait chez l'interlocuteur. Ces instantanés, comme dans le cas de Guibert, me semblent précieux si on ne perd pas de vue les circonstances, la mort qu'il savait imminente.

S'essayait-il à entrer dans la mort comme on entre, selon ses vœux, dans une fête, ou voulait-il rester fidèle à l'un de ses tout derniers poèmes, en mémoire de l'ami genevois qui venait de mourir ?

María l'incita à se lever, il fallait qu'il marche, qu'il se promène. Alors que nous passions le seuil de la chambre et pénétrions dans le vaste, interminable couloir, de sa voix qui creusait sa poitrine, cherchant la musique de fer du Saxon, il sortit, nous prenant par les bras, en déclamant le passage de la *Ballade de Maldon*, où un jeune soldat qui est parti à la chasse, en entendant tout d'un coup l'appel de son chef, laisse de sa main s'envoler le faucon bien-aimé vers la forêt, et entre dans la bataille.

Nous nous assîmes au fond du couloir, dans la rotonde, sous la grande verrière qui, à cette heure de l'après-midi, irradiait une féroce lumière chimique. Borges en perçut l'intensité : « Désormais je ne vois que l'horrible couleur violette. » Le jaune lui avait été fidèle longtemps ; au commencement de la cécité, il distinguait le vert du bleu.

Toujours craignant en sa présence de m'exprimer avec imprécision, d'avancer des banalités – qu'il reprenait au vol non sans ajouter, selon son habitude, cette interrogation monosyllabique de politesse au bout de sa phrase : « Non ? » –, j'ai dû lui poser une question sur les littératures anciennes qu'il chérissait. Sans répondre à ma question, il commença de réciter, en scandant des paragraphes rythmés où je crus reconnaître des sons anglais.

« C'est horrible, non ? »

Il s'agissait de la traduction de l'*Odyssée* perpétrée par le préraphaélite William Morris, qui prétendait extirper de l'anglais tous les mots d'origine latine.

Rien que pour le plaisir de l'entendre répéter l'un des mots que je préférais de lui, je lui demandai pourquoi il avait appris par cœur quelque chose d'horrible. « La laideur est aussi mémorable que la beauté », répondit-il sur un ton presque enjoué.

72

Comme nous arrivions à la ruelle sans nom, et nous arrêtions ensuite devant la porte d'entrée sans numéro, je compris la précaution de María de m'attendre à l'hôtel.

Marguerite Yourcenar avait fait, quinze jours auparavant, le voyage de Genève pour rendre visite à Borges. En attendant que l'administration des téléphones consente à installer, dans sa nouvelle mais dernière demeure un appareil, il se trouvait encore à l'hôtel. Il lui avait parlé de l'appartement, la priant de s'y rendre pour lui en faire une description méticuleuse. Il en gardait la clé dans la poche de sa robe de chambre.

Tout juste un an plus tard, au mois de juin, Marguerite Yourcenar me racontera la chose au cours de la seule vraie rencontre que nous aurons eue – sans oublier d'ajouter dans son compte rendu qu'elle avait omis le vaste miroir qui se dressait face au visiteur lorsqu'on lui ouvrait la porte, et qui se prolongeait à droite et à gauche formant couloir : comment eût-elle osé faire allusion à ce monde de reflets incertains dont bien des pages du poète disent l'horreur qu'il en éprouvait depuis l'enfance ?

73

Une suite de pièces vides mais luxueuses si on en jugeait par les lambris en chêne. Le silence qui semblait y régner, rompu soudain lorsqu'on poussa la porte : des plaintes qui rappelaient des vagissements.

Dans son lit – aussi étroit que le sien, là-bas à Buenos Aires, celui de toute sa vie – Borges traversait sans doute un cauchemar. Mais María lui prit la main : « Borges, nous sommes là », et sur-le-champ il tut ses appels désolés, les traits détendus, les lèvres entre le sourire et la parole. Il ne donnerait plus de signes d'angoisse, à peine d'une anxiété intermittente, un brusque, léger tremblement comme lorsqu'on rêve.

Nous demeurions attentifs au moindre signe, au moindre de ses gestes.

Nous : María, l'un des deux médecins qui l'avaient accueilli au Cantonal, l'infirmière de jour – sa lectrice en français –, moi et, plus tard, l'infirmière allemande. Le médecin, assis sur le bord du lit, la main sur le genou de Borges. On doit mourir moins seul quand une main calme et que l'on reconnaît vous touche.

Sur la petite table basse, près du lit, deux livres : un choix des lettres de Voltaire, et les *Fragments* de Novalis que lui lisait l'infirmière de nuit, l'Allemande.

Au pied du lit touchant le mur, une fenêtre intime contrastait avec les boiseries récentes, soignées. Nous étions le 13 juin. Il faisait chaud. Le soleil se couchait tard. Une brassée de rayons se répandit sur le lit, éclairant le renfoncement où il s'encastrait, puis le petit groupe que nous formions.

Borges secoua l'index, sans bouger la main, comme on chasse une mouche. Le drap blanc resplendit un long moment, mais l'heure ramenait à elle la lumière comme on retire un voile.

Borges avait la veste du pyjama, qui était de couleur gris perle, déboutonnée jusqu'au troisième bouton. Son cou, lissé par la position de la tête en arrière, se révélait large et même puissant.

Dans cette demeure de la vieille ville où il voulait que la rencontre avec la mort eût lieu, le sort lui avait réservé un retrait où la petite fenêtre devait créer un lien avec les maisons d'autrefois, là-bas – un lien pour qu'il meure un peu chez lui, où la chaise à bascule de sa mère s'était immobilisée depuis bien des années. Faute de s'éteindre dans ce Buenos Aires qui, à l'entendre, n'existait plus, il voulait que la grande rencontre eût lieu là, dans le quartier de Genève où il s'était éveillé à la science vagabonde de la littérature.

Ses médecins, devenus ses amis, témoignaient de sa joie lorsqu'il se trouva enfin dans la maison qu'il s'était destinée. Il avait passé la journée dans l'exultation, une euphorie par instants convulsive, et soudain il s'éloignait, immergé dans une sorte de béatitude.

Avait-il déjà quitté l'univers des mots où tout se produisait pour lui ? Il était calme, le visage empreint de gravité et de douceur, une main sur la poitrine, abîmé en lui-même, ravi au temps – tête-à-tête avec ces espaces infinis qui effrayaient Pascal ?

Il y a dans l'attente de la mort un je ne sais quoi de fin du monde. Près de la source des larmes, le témoin bute contre ses propres limites, et il arrive que le sentiment d'être à la place du mourant l'envahisse.

Dans un autre canton de la Confédération, Joyce. Le radeau de la nuit avançait. On parvenait au centre de la nuit, la nuit qui respirait à longs traits.

Des siècles avaient roulé quand une lueur grisâtre raviva la petite fenêtre. Une lumière terne, glauque y virait au jaune. Et le soleil. Endormi dans la substance de la mort, l'esprit ressuscitait entre veille et sommeil.

Soudain, un rayon perça la vitre, rendit légère la pénombre. Et je vis le pied de Borges qui, sorti du drap, pointait le gros orteil vers le plafond. Le pied qui avait, comme il aimait à dire, « fatigué les rues ». La nudité du pied, si intime, qui rappelait les mots du poète : « De ses pieds monte alors en lui la mort bleue. » De loin en loin, glorieux ou obscur, Socrate meurt de nouveau sur terre. Bien des fois on aura entendu Borges rappeler que Socrate ne voulait pas faire à ses amis des adieux pathétiques à l'heure de la ciguë, mais converser en toute sérénité avec eux, continuer à penser. N'avait-il pas observé, et cela au seuil de la mort, que le plaisir et la douleur sont inséparables, puisque, si les chaînes lui pesaient en prison, entraînant une forme de douleur, une fois ôtées, il avait éprouvé un heureux soulagement ?

Aussi Borges, sur son lit d'hôpital, n'avait-il parlé que de littérature, toute une après-midi.

L'infirmière s'était mise à lui frictionner le pied – le pied qui bleuissait ; le sang manquait d'énergie pour remonter vers le cœur.

J'avais convaincu María de prendre un peu de repos. Maintenant, il fallait la rappeler. Je n'eus pas le temps de faire un pas : María était dans l'encadrement de la porte.

Elle s'assit au chevet de Borges, sa main dans les siennes. Je reculai ma chaise. Je n'avais perçu aucun mouvement, pourtant, la tête de Borges penchait vers elle désormais.

Parmi les choses qui nous échoient, il y en a de trop grandes pour n'être qu'un événement. Le sol de la réalité ne les supporte pas, l'esprit les refuse.

Borges mourut très lentement et en silence, comme un sablier se vide.

C'était le 14 juin ; nous étions un samedi. Ma montre marquait sept heures quarante-sept.

Je ne lui avais jamais avoué que j'écrivais. C'était bien, ainsi.

74

Je cherchai sur la carte de Genève l'emplacement des cimetières et consultai à ce sujet le gérant de l'hôtel, afin que María puisse prendre une décision. Mais les amis médecins, l'un après l'autre, téléphonèrent pour nous suggérer Plain-Palais, la nécropole des hommes illustres. Il fallait obtenir l'accord des autorités et, pour cela, que les membres conseillers de la mairie se réunissent, ce qui se révéla impossible avant le lundi. Au reste, on pouvait craindre que le prestige de Borges n'eût pas atteint leur cercle, ou qu'ils refusent que Plain-Palais l'accueille à cause de sa condition d'étranger. Mais, le lundi matin, grâce peut-être aux journaux du monde entier qui annonçaient en première page la mort de l'écrivain, on appela pour inviter à choisir l'emplacement.

Avant leur jonction, l'Arve et le Rhône enserrent un quartier proche de la vieille ville, plat, sans charme. Cependant, à peine la grille du cimetière poussée, le vert tendre et unanime de la pelouse de gazon triomphe des tombes assez distantes les unes des autres ; et d'une discrétion extrême, souvent réduites à une croix et une pierre tombale, au ras du sol, gravée d'un nom et des dates fatales.

María aperçut-elle la masse obscure et ronde de l'if, l'arbre si solitaire qu'on le dirait unique de son espèce ? Millénaire, d'une durée défiant celle d'une langue, d'une littérature, le plus ancien des arbres, et habitant la planète bien avant l'homme, dressé, selon la mythologie, au centre de l'univers, et dont la cime, vaste comme le jour, se fond dans le contour du ciel où autrefois séjournaient les dieux.

J'ignorais ces choses que María, sans doute, connaissait, car sans la moindre hésitation elle demanda au responsable du lieu si l'on pouvait creuser la sépulture sous la coupole que formait le feuillage. Le fossoyeur lui expliqua alors que les racines de l' « arbre cosmique » finiraient un jour par soulever le cercueil. Aussi fut-il décidé de l'écarter de quelques pas.

Une tombe nous intriguait, de biais à une trentaine de mètres, un rectangle d'ogives rouillées à peine plus hautes que l'herbe. Jean Calvin y reposait. Borges avait fait ses études au collège Jean-Calvin. Non peut-être sans quelque couleur d'injustice, je pensai que tout dans la nature balance entre le Bien et le Mal, et que dans ce carré de terre amène, cette émanation du Mal qui y résidait serait enfin contrée par un juste, et l'indispensable symétrie, rétablie.

75

Étoffée, pleine, souple : n'importe quelle épithète réduirait la voix riche en harmoniques de Marguerite Yourcenar à l'une de ses nuances. Aucun désaccord entre son physique et sa voix ; elle faisait bloc avec elle-même. Et si, souvent, on disait sa voix mélodieuse, c'est parce qu'elle n'épuisait le souffle que le sens de la phrase ne fût épuisé – avec suavité, mais sans appel.

Lorsque sur un visage imposant coule soudain un sourire obligé, l'on attend une poigne réticente. Mme Yourcenar n'esquiva pas la mienne, mais elle ne la serra pas pour autant, elle avait la poignée aristocratique : saisissant la vôtre, on eût dit que sa main se tenait à distance.

Nous ne nous étions rencontrés qu'en des occasions où je jouais les utilités. Maintenant, elle m'avait demandé de venir à son hôtel. Elle avait en train, alors, cette conférence sur Borges, qu'elle prononcerait à Harvard, deux mois avant sa propre mort. Le coloris sourd du petit salon – de la tapisserie des murs, du tapis bleuté sur une moquette entre beige et gris –, les fauteuils et les lampes qui semblaient être arrivés les uns après les autres, comme dans une maison qui s'est au fil du temps meublée, et jusqu'au bouquet de roses au charme fané, vous portaient d'emblée à oublier que vous vous trouviez dans un hôtel.

La fenêtre était ouverte sur la place ou, plutôt, sur les toits de la place avec leur couronne uniforme de lucarnes. De temps en temps, l'air tremblait, traversé de flammèches invisibles. Mme Yourcenar ne tenait pas à se défendre de la chaleur.

Fidèle au monde de références classiques que depuis toujours arpentait son imagination, elle voyait en María Kodama la Béatrice de Dante, telle que des générations de lecteurs l'ont idéalisée, et non pas celle, véritable, qui reçoit le Poète au Paradis, pour lui signifier, altière et dédaigneuse, ses égarements, avant de le renvoyer à son chemin et à sa forêt obscure.

Je guettais ces moments où, en entamant une période, Mme Yourcenar tournait un peu sa tête vers moi et la paupière de gauche, en permanence mi-close, se soulevait, lente et molle, sur une scène en miniature, l'œil bleu frappé par la lumière du jour.

Elle portait trois bagues à la main gauche, deux, à la main droite. Des bijoux discrets, disparates, de bon ton, qui devaient marquer une rencontre, un amour, la fidélité à un disparu.

Avaient-ils beaucoup parlé, elle et Borges, à Genève ?

« Sa voix était faible, mais son articulation, nette dans sa délicatesse ; et nous avons beaucoup parlé avec nos mains. »

La réponse était suggestive et les derniers mots imprécis, mais on eût dit qu'elle venait de remporter un triomphe, au sentiment qu'elle pourrait inclure la phrase dans sa conférence. Au coin de ses lèvres charnues, un pli, une expression d'ironie en attente.

Sans obéir à un questionnaire prévu, au contraire, dans le désordre que le cumul de ses lectures récentes provoquait en elle, Mme Yourcenar me posait des questions qui trahissaient plus un apprentissage accéléré qu'une familiarité avec l'œuvre du poète. Pour faire diversion, mais avec son air habituel de réserve, elle proposa que nous prenions le thé.

L'ombre d'une certaine inutilité planait sur nous, sur notre dialogue, sur le tintement de la porcelaine que j'exagérais pour distraire le silence. Puis, avec lenteur, avec majesté, elle prit sur le manteau de la cheminée une pierre creuse, tapissée d'améthyste, et la posa sur ma main, que déjà je lui tendais, docile au rituel.

« Approchez-vous de la fenêtre », dit-elle. Et de sa manière unique au monde : « Vous verrez, elle bouge sous la lumière, les cristaux tournent. »

Je me souviens de lui avoir décrit la curieuse cérémonie religieuse : Borges avait choisi avec María les runes qui seraient gravées sur la pierre tombale – ces runes dont je ne chercherai jamais à connaître le sens, car elles enferment leur plus intime secret.

Il n'était pas croyant et, pourtant, il portait un intérêt primordial aux religions et à toute théologie, même s'il tenait celles-ci pour une branche de la littérature fantastique.

Comment porter en terre Borges, comment lui dire adieu ?

María m'avait rappelé que sa mère était catholique, et sa grand-mère paternelle, protestante : était-il concevable qu'un pasteur et un prêtre célèbrent de concert l'office ?

Le pasteur de la cathédrale Saint-Pierre, ainsi qu'un prêtre catholique, y avaient consenti. Le cercueil, nappé de roses blanches, était posé sur un catafalque disposé de biais devant le maître-autel, comme pour ne pas prendre parti. Dans le souvenir, les cliquetis sans trêve des photographes brouillent la double homélie.

Les autorités diplomatiques argentines, venues de Berne, n'avaient pas voulu prendre la tête du cortège ni le premier rang à l'église ni au cimetière. Peur de se compromettre en accompagnant solennellement Borges en terre étrangère, selon son vœu ?

Mme Yourcenar paraissait satisfaite. Je me suis mis debout, tout en éprouvant une sensation de manque, une carence, un oubli. Elle se tourna vers moi, mais son regard passait par-dessus mon épaule ; puis elle me fixa d'un air interrogatif, et je me rappelai ce que je m'étais promis de lui raconter : María avait distingué de loin l'if, et décidé que ce serait là l'emplacement de la tombe.

Mme Yourcenar lissa du bout des doigts son cheveu rare qui gardait, sur l'arrière de la tempe, le souvenir d'une ondulation, le vestige d'un cran naturel. Elle leva la tête, se redressa, et d'un ton qui annonçait la majuscule, elle dit, en m'accompagnant vers la porte : « Un jour nous serons tous sous l'Arbre. »

Sur le seuil, elle me parut monumentale à contre-jour et fragile à la lumière soudaine du corridor, mais sereine. Et je vis pour la dernière fois, dans la lassitude patricienne du visage, l'œil gauche apparaître et s'allumer un instant, et de nouveau regagner la nuit de la paupière.

76

Que faisait-il le vieux petit oiseau immobile sur le toit, à Lugano ? Attendait-il un signe, un appel, espérait-il récupérer sa compagne ?

Son image, peut-être destinée à rejoindre ces souvenirs sans racines qui voudraient nous transmettre quelque chose et s'amoncellent en pure perte dans la mémoire, demeurait intacte en moi, et persistante, lorsque du Tessin via Genève je regagnai Paris.

Une lettre de ma sœur Elvira se trouvait en vue sur mon bureau ; sa première lettre, je crois bien, depuis toutes ces années, ces décennies qui nous avaient éloignés.

A Córdoba, il y avait plus de deux ans, déjà, dans une réunion de famille, Elvira avait souhaité s'entretenir avec moi en aparté. Elle prit son sac à ouvrage recouvert d'une jolie tapisserie au point de croix, de sa main, et en sortit un amas de tissu noir bien aplati mais non ficelé, qu'elle déploya d'un coup en levant haut le bras : je crus sentir une vague odeur de bois et je vis la robe de mariée de la mère, la robe de brocart dont, enfant, j'habillais en cachette l'imposant mannequin unijambiste et sans tête sur lequel mes sœurs aînées essayaient des modèles taillés dans de la tarlatane. Je compris l'air nostalgique, un tantinet espiègle d'Elvira, et que la robe de mariée de la mère était un stratagème pour m'apprendre qu'elle aussi avait lu celui de mes livres où la mère passe, fiancée de noir vêtue, noyée dans du tulle illusion. C'est que, comme la mère, elle ne lisait jamais.

A l'instar d'Orlando qui soigne notre arbre généalogique, Elvira amasse des petits riens, une photographie, une cravate, l'orchidée d'organza que Cecilia portait à la mairie, le jour de son mariage, des gants, une voilette qui ont appartenu à un membre de la famille – reliques de sa dévotion.

Ce jour-là, elle m'avait contredit lorsque je soutenais qu'il n'y avait jamais eu d'autres photographies de moi en dehors de celle, alors classique, du bébé à plat ventre sur un coussin, et cette autre où je me tiens déjà debout, la main en avant qui serre mal un objet plutôt ovale, et un fin sillon, de perplexité ou de mécontentement, au-dessus du sourcil, ce qui poussait mes frères et sœurs à y voir le présage d'un mauvais caractère.

Mais Elvira avait raison : dans les pliures de sa lettre donc, une petite photographie : j'en vois d'abord le dos jauni, taché, où Elvira a noté : « Hector à six ans et trois mois. » Et tout d'un coup, en la retournant, me voilà bouleversé, ne sachant que faire, comme s'il y avait eu encore quelque chose à faire un demi-siècle plus tard.

Que signifiait-il ce violent désarroi rétrospectif, cette frénésie au cœur, pareils à l'affolement qui face à la catastrophe nous ballotte dans tous les sens, ou nous retient sur place, paralysés ? C'était pourtant moi sur le cliché, moi qui ai réussi à rompre le cercle inatteignable de la plaine. Mais si quelqu'un avait dit à ce moment-là que, résorbé comme un rêve au réveil, j'étais entré dans la photographie, je ne l'aurais pas démenti : un instant, je partageai avec l'enfant, jusqu'à m'y fondre, la peur de rester prisonnier dans la trop vaste étendue, pour lui encore sans issue.

Il a les mains derrière le dos ; il est vêtu d'une chemise boutonnée au cou et d'un pantalon long qui tombe droit ; je reconnais le pli précoce de mes cheveux obstiné à couvrir de biais une partie du front. Son visage reflète une volonté calme, mais inflexible : rien à avouer, personne devant ni derrière lui pour participer à ses rêveries. Il est sur le point de concevoir le monde, et bien qu'il n'ait jamais quitté le lieu de sa naissance, il n'a pas écouté en vain les quelques citadins qui de loin en loin visitaient la ferme et dont certains mots avaient une fois désigné les villes et la mer, longtemps pour lui inconcevables.

Il se tient tout au bord du cliché, qui a coupé la pointe de ses chaussures et frôle l'ourlet du pantalon, dans le jardin qui fut pour moi le centre fixe de la terre – et qui peut-être demeure tel. En suis-je jamais sorti ?

Les Chirieleison en ont effacé la modeste géométrie que dessinaient des briques régulières plantées sur la tranche. On y discerne la profusion désordonnée d'iris, plus loin l'ingrat yucca et deux ou trois arbres malingres. La photographie a été prise en profitant de la lumière du moment, sans tenir compte du décor : les grands arbres, les acacias, les frênes, les platanes, sont restés dans les coulisses ; et l'aimable boqueteau de paradis, face à l'enfant. Tout au fond on devine une ébauche de ciel et l'horizon nu.

Avais-je six ans ? Six ans et trois mois, selon Elvira ? Nous venions donc de nous installer dans cette propriété : le jardin est encore à l'abandon : manquent les deux lauriers-roses qui gardaient l'allée centrale, et Cecilia n'a pas encore planté les rosiers aux roses charnues, ni Orlando greffé le rosier aux fleurs blanches dans l'espoir d'en obtenir la rose thé.

Je n'invente rien : je cherchais à sonder l'expression de mon visage à l'heure de l'éveil des interrogations et des premiers soupçons, avant l'irruption de l'inquiétude et de l'angoisse.

Sans l'obstination de cet enfant dont j'ai reçu mission de suivre coûte que coûte et à tâtons les pas, jamais je ne me serais jeté dans l'aventure ni n'aurais accepté l'ignorance de ce qui m'attendait. Lui, il ne craignait pas les ronces ni les plaintes de cet animal douloureux, le corps. Comprenait-il la portée de ce qu'il m'intimait d'accomplir – et la nature de cette destinée sans repos qu'il se proposait de charger sur mes épaules ? Je n'aurai été que son interprète, l'acteur soucieux de ses desseins et sachant, depuis l'origine, que rien ne me serait donné par surcroît. Je me le demande aujourd'hui, en écrivant ces lignes : à quels arrangements n'a-t-il pas eu recours pour que cette photographie arrive jusqu'à moi ? Il n'y a que lui qui demeure vivant.

J'ai essayé bien des fois de lui faire faux bond, de m'écarter de lui, de le renier. Mais, sans lui, plus de chemin pour m'éloigner. Il sera encore à mes côtés lorsque la mort viendra, ce soir, demain ou dans quelques années, moins pour me tenir compagnie que pour me commander de ne pas perdre contenance. Si je lui donne satisfaction, je l'entendrai murmurer : « C'est bien, ainsi. » Alors il s'assoira près de moi et, pour la dernière fois, nous écouterons tous deux la plaine, où le temps s'écoute.

Mais le voilà déjà loin qui s'en va par un sentier de papier blanc – vers où, vers qui ? On peut perdre de vue le monde entier dans un adieu.

La nuit prend le jour par la main. Rien de ce qui m'a blessé ne me blesse. Et j'entends la rumeur de la vie qui en catimini s'éloigne et s'évapore : comme la goutte de rosée sur le brin d'herbe ; comme l'écume à la crête des vagues ; comme la trace de l'oiseau dans l'air.

Cet ouvrage a été réalisé par la
SOCIÉTÉ NOUVELLE FIRMIN-DIDOT
Mesnil-sur-l'Estrée
pour le compte des Éditions Grasset
en septembre 1999

Imprimé en France
Première édition, dépôt légal : août 1999
Nouveau tirage, dépôt légal : septembre 1999
N° d'édition : 11269 – N° d'impression : 48266
ISBN brochés : 2-246-44291-5
ISBN Luxe : 2-246-44290-7